Jobs that will never disappear in Japan in 2050

2050年、日本で消えない仕事

「マイスター高等学院」
から始まる
経営と教育の融合

マイスター高等学院
代表理事
高橋 剛志

はじめに

本書は2023年4月に創立した「マイスター高等学院」と、その新しい学校を展開するプロジェクトについて知ってもらうための書籍です。

マイスター高等学院とは一体何なのか？——その問いに関しては、さまざまな角度から答えることができます。

まず**マイスター高等学院は、職人を育成するための学校としてスタートしました。**

仕事に役立つ技術を身に付け、キャリアを積み重ねることで、若者たちは一生安心して生きていける力を備え、誰からも搾取されることなく自主自尊の人生を歩んでいけるようになります。彼らが社会に出て活躍することで、職人不足が懸念されている日本のモノづくりは必ずや息を吹き返すはずです。

そして現在、学校は職人に限らず、エッセンシャルワーカーと呼ばれるすべての〝生活必須職従事者〟へと範囲を拡大させています。彼らの大半は中小・零細企業と呼ばれる地域に根差す会社に雇用された人たちです。今後、当校は日本中の地域企業の人材不足を解決するプロジェクトとして活動していきます。

そして**マイスター高等学院は、子供たちに新たな未来の選択肢を示すための学校です。**

昨今は不登校やひきこもりなど、一般的な学校制度からドロップアウトした十代の若者が急増しています。彼らは生きる意味を見失い、子供の未来を心配する両親と共に悶々とした日々を送っています。彼らが現在の学歴偏重の社会で、生き甲斐や貢献感を感じながら暮らしていくのは並大抵のことではありません。私自身も身をもって感じましたが、日本は一度道を外れてしまった人間に非常に厳しい国だからです。

私たちの学校はそんな〝はみ出し者〟である彼らの受け皿になろうとしています。彼らが仕事で役に立つ技術や社会で活躍するために必要なスキルを習得して、世の中へと飛び出して行くサポートができれば、地域も、若者も、企業も、家族も、国も、誰もがハッピーになるのではないでしょうか？

さらに、**マイスター高等学院は、経営者が新たなステップに踏み出すための学校です。**

マイスター高等学院は「会社が教育機能を有する」という画期的なシステムを導入して

います。昨今、「CSV経営」という言葉が脚光を浴びているように、新時代に適合した企業のカタチが問われています。ただ利益を追求するだけではなく、本業を通して社会課題の解決に貢献することで、小手先のマーケティングやブランディングとは一線を画した存在価値を発揮することができます。それは結果的に、地域企業が持続可能性を高める新しいビジネスモデルに転換することへとつながるでしょう。

その変化への端緒を拓くのがキャリア教育を施す学校を全国津々浦々に展開する、このプロジェクトの真価です。

もうひとつ、マイスター高等学院は……と、このへんにしましょう。学校のことについて語りはじめるとキリがありません。マイスター高等学院のプロジェクトは多くの課題解決の種を孕んでいますが、その意義や内容については本書にたっぷり書き込んでいます。

そんな中、ここでひとつだけ言わせていただくとすれば、マイスター高等学院は「職人不足」と「不登校児の激増」という、現代日本が直面する喫緊かつ重要な2つの課題を同時に解決する唯一無二の手段ということです。

「失われた30年」と呼ばれるように、バブル崩壊以降、日本は停滞した歳月を過ごしてきました。その間、有効な対策はなされず、少子高齢化は進むばかりで、今や日本のGDP（各目国内総生産）はドイツに抜かれて4位に転落、個人の所得は一向に上がらず、2025年にはインドにも抜かれるのがほぼ確実という状況です。

「貧すれば鈍する」ではないですが、停滞した状況にもかかわらず、日本はそれを打破する施策を打ち出すことができませんでした。打ち出すことができなかったどころか、本気で打ち出そうとしなかったといった方が正確かもしれません。

それは私が長年生業にしてきた建築業界でも同じです。「大工＝3K（きつい、汚い、危険）」というイメージを放置したまま誰も根本解決に目を向けず、若手の育成を怠ってきました。また、経営の効率化という旗印の下、職人の正規雇用を拒み続けてきました。福利厚生費がかからない外注扱いで必要な時だけ雇い入れ、暇になったら即切り捨てと、まるで道具のように扱ってきたのです。

その結果、大工は完全に若者に忌み嫌われる職種となり、深刻な職人不足が発生しています。今や業界の未来図が描けないどころか、現場人材の不足が原因の倒産や廃業が相次いでいるという始末です。

しかし「このままではまずい」と思って若い人たちに目を向けてみると、今度はそこでは学校制度が崩壊の危機に瀕しています。不登校を選んだ小中学生は文部科学省の２０２３年度の発表で30万人にのぼります。それは「いい高校に進み、いい大学に進み、いい会社に就職すれば幸せ」といった、これまでの受験ありきの、目的なき教育制度が機能不全に陥っていることを意味します。スマホが普及し、誰もがＡＩを使える時代になったにもかかわらず、いまだに実社会で必要な〝考える力〟ではなく、記憶力のみが試される暗記競争に明け暮れる学校教育に、多くの子供たちは意味を見出せなくなっているのです。

結局すべての問題の根幹は、時代が変化しているにもかかわらず、何も変化しなかった私たち自身にあるのではないでしょうか？

国も、建築業界も、教育現場も、時代や状況が変化しているのに、それに対応して自分たちから変わっていこうとしなかった。むしろ変化から目をそらして、現状維持と既得権益を守ることのみに執着し、やり過ごそうとしてきた。そのシワ寄せが一気に顕れているのが今日の日本社会ではないかと思うのです。

マイスター高等学院を全国に展開する今回のプロジェクトは、そんな現状の閉塞感を打破し、自分たちの手に明るい未来を取り戻すための活動です。

本書に関しては、まず第1章で、学校教育などまったくの門外漢だった私たちが本校設立に至った理由について、詳しく深掘りした形でお伝えします。そして第2章では、実際にこの学校で何を教えるのか、キャリア教育を軸に据えた本校の教育スキームについて説明します。

第3章から第7章までは、本プロジェクトに関連する人たちに対し、立場別にメッセージを送るという形で執筆しました。前述したように、このプロジェクトが課題解決に向けた方法論を提示するのは企業経営や教育など多くの分野にまたがっており、さまざまな人たちが関与しています。その内訳はあまりに多様であり、それぞれが抱える悩みや問題点も異なるため、各分野ごとに「どうして今、マイスター高等学院なのか?」という問いを個別に絞りこんで伝えていこうと思うのです。

自社の事業の将来に不安を感じている会社経営者、何のために学校に行くのかわからない子供たち、子供に幸せな未来や明るい希望を授けたい親御さん、現在の学校制度に葛藤を抱えている教育関係者、そしてニュースを見るたびに「日本はこのままでいいんだろうか?」と疑問を感じているすべての大人たち……それぞれの立場の方に、マイスター高等学院から直接メッセージを送りました。自分が当てはまると感じた章から読んでもらえると身近に感じやすいと思います。

そして最後となる第8章には、マイスター高等学院のシステムに賛同して、参加を表明してくださった方々からのコメントを掲載しました。マイスター高等学院はひとつのプロジェクトであると共に、多くの人を巻き込んでいくムーブメントでもあります。活動は業界の垣根を超え、地域の枠を超えて全国に拡大している真っ最中です。ぜひこの活動に触発された〝仲間たち〟の声に耳を傾けてもらえると幸いです。


本書の目的は、ひとえにマイスター高等学院の存在を知ってもらうことです。

さまざまな場面で不安や疑問を感じておられる方の中で、私たちがその悩みを解決できる方が何人もいらっしゃると思います。そして今後一緒に事業を展開していける同志となる方も数多くおられると思うのです。

本書を手に取ってくださった時点でひとつの出会いは達成されていますが、そこから先にこのプロジェクトが発展していくかどうかは本書を読んだみなさんが何を感じるかにかかっています。実は教育はあらゆる社会課題解決の根本に位置するものであり、教育改革はそのまま社会変革へとつながっていきます。

ここからはまず私たちがマイスター高等学院に込めた想いについて、自己紹介をしていきます。

じっくりと中身を吟味していただき、その先のご縁につながることがあれば幸甚です。

一般社団法人　マイスター育成協会
代表理事　高橋剛志

目次

はじめに 2
第1章 私たちがマイスター高等学院を立ち上げた理由 13
第2章 マイスター高等学院の教育理念とスキーム 47
第3章 経営者へのメッセージ 何のために事業をするのか？ 73
第4章 十代の若者たちへのメッセージ 君たちはどう生きるか？ 99
第5章 子を持つ親たちへのメッセージ わが子に必要なものは何でしょう？ 119

第6章　教育者へのメッセージ
今本当に〝教育〟できていますか？　131
第7章　すべての大人へのメッセージ
私たちが今突き付けられている課題　143
第8章　マイスター高等学院から広がる輪　155
おわりに　168
マイスター高等学院インフォメーション　175

第1章

私たちがマイスター高等学院を立ち上げた理由

発端は「職人の置かれた環境を改善したい」

この本ではまず最初に、実際の職場で働きながら高校卒業資格を得られるキャリア教育の高校「マイスター高等学院」を全国に普及させるプロジェクトを私たちがどうして立ち上げたのか、その理由から説明します。

どうして今マイスター高等学院なのか？　どうしてこれからの時代、手に職を付けた職人＝マイスターが重要となり、それを育てていく教育が必要なのか？

そのことをしっかり伝えていくことがこの新しい学校の存在意義を理解してもらい、未来への希望につながると思うからです。

まず簡単にこのプロジェクトの運営団体「一般社団法人　マイスター育成協会」の発起人であり、初代理事長を拝命した私、高橋剛志のバックグラウンドについて簡単にご説明しましょう。

「学校に行く意味がわからん」

私はそのような想いを抱え、17歳の時に高校を中退しました。当然、学歴としては「中卒」です。みなさんご想像の通り、決して優等生というわけではありません。いわゆる通常の学校教育になじめず、学歴社会の本流からドロップアウトしてしまった人間です。

私はそこから大工という職人の世界に飛び込み、修業期間を経て1994年に大工集団「高橋組」を創業。大手住宅メーカーの特約工務店、下請け施工業者として木工事を請け負うようになりました。2001年には「有限会社　すみれ建築工房」を設立。一般建設業の許可を取得し、下請けではなくエンドユーザーから直接リフォームや新築工事を受注するようになりました。

そして2020年、設立20周年を機に「私たちが造るのは建物だけじゃない。人、街、暮らし、文化を継ぎ〝四方良し〟を実現する」という理念の元、地域社会や地域経済を活性化する「コミュニティーモノづくり企業」に企業ドメインを変更し、社名も「株式会社四方継《しほうつぎ》」へと改めました。

会社を設立して二十数年、私が常に志してきたのは「職人の社会的地位の向上」でした。当時も今もそうであるように、職人の多くは「己の腕一本で稼ぐ」と言えばかっこいいものの、収入は不安定で、身体を壊したり齢をとって動けなくなると即アウト、将来の保証が何もない上に結局は現場がある時期だけ日当いくらで駆り出される〝日雇い〟にも近い使い捨ての状態、社会的には低い立場に置かれていました。

この職人の劣悪な状況を変えていきたい。日本のインフラを支えてきたのは建築系のモノづくりに関わった人たちです。学歴社会から零れ落ちた自分を拾って人並みの生活ができるようにしてくれた建築業界になんとか恩返しがしたい――。

その想いから2013年、私は「職人起業塾」という活動をスタートさせました。これはアントレプレナーシップ（起業家精神）を社員大工に伝え、自助の精神から生まれるキャリアアップの基礎を醸成する社内研修でしたが、地域の職人たちにクチコミで噂が広がり、やがて外部からも問い合わせを受けるようになります。全国工務店協会からの依頼を受けたこともあり、2016年以降は「一般社団法人　職人起業塾」として半年間におよぶ、本格的な実践研修の事業を全国規模で展開していきました。

職人起業塾では稼げる職人を育成するための研修を中心に、職人会社の人事制度やキャリアプランの構築のサポートなども行ってきました。詳しい活動内容は私の前著『職人起業塾』（2016年、ザメディアジョン刊）に書いたので、興味をお持ちの方はそちらの書籍を読んでいただければと思います。

そんな職人起業塾も今年で早22期目。半年単位のプログラムで、これまですでに300

人以上の塾生を輩出してきました。彼らの多くが、私が思い描いた〝若者に憧れられる職人（収入的にも生き方的にも）〟に成長し、全国各地で活躍しています。

しかしそんな活動の中で、私は次第に無力感を感じるようになっていきました。

底辺からコツコツと職人の地位向上を目指してきたものの、業界全体を改めて眺めてみれば状況は1ミリたりとも変化していません。相変わらず「職人＝3K（きつい、汚い、危険）」というイメージは変わらず、職人が得られる賃金は上がらず、「職人になりたい」と思う若者が増える気配は一向にありません。むしろ日本全体の人口減少、少子化という状況も相まって、職人の数は右肩下がりで減少するばかりです。

職人不足を解消するための2つのアプローチ

これまで私は職人不足を解消するには2つのアプローチがあると考え活動してきました。

ひとつは今現場で働いている若い職人たちが年下の若者から憧れられる存在になることです。簡単に言えば職人のイメージアップであり、「職人ってかっこいいな」「自分もああいうふうになりたいな」と思う人が増えれば職人の数も自然と増えるはずです。

そのためには彼らがいきいきと生きがいを持って働いている姿を、これから社会に出て来る若者に見せなければなりません。私は職人として働く彼らを集め、意識改革からマーケティング感覚の獲得に至るまで、さまざまな研修を行ってきました。

ただし、いくら働く人が魅力的になっても、彼らが働く環境が劣悪なままでは人は寄り付きません。職人たちがいきいきと働くには当然、他業種と比べて収入がよくなければいけませんし、将来に対して明るい希望が持てる職場環境を用意しなければなりません。

ということで、2つ目のアプローチとして、私は職人たちが働く事業所の環境向上に努めました。経済的な安定と社会的な保障がしっかりしている会社でなければ、親や先生は安心して自分の子供を(または教え子を)送り出すことはできないでしょう。仕事は3Kで、現場では親方がいばり散らしているという過去の慣例のままだと、「そんな不安定でブラックな業界に行くのはやめなさい！」と止められてしまうのが関の山です（ちなみに弊社では完全に労働法に適合した職人の正規雇用を20年前から行なっています)。

私は若い職人たちに研修を行うのと並行して、全国の建築事業者に対して人事制度改革のワークショップを行っていきました。キャリアパスの構築と運用について情報共有を行い、労働基準法をきちんと適用する事業者を増やそうとしました。そこに一定の成果はありましたし、実際に就業規則を見直すきっかけを多くの事業者に与えられたことは誇りに思っています。

しかし、そうした活動を7年近く続けましたが、悲しいかな業界全体を俯瞰してみれば、建築業界を巡る状況はまったく変わっていません。職人起業塾という私の地道な活動は、業界にインパクトを与えるほどの効力を持たなかったというのは認めざるを得ない現実でした。

そんな中、みなさんご存じのように２０２０年、世界中を新型コロナウイルスのパンデミックが襲います。職人起業塾は人と人がフェイス・トゥ・フェイスで行うリアルなコミュニケーションが不可欠だったため、事業のメインを占める集合研修ができなくなってしまいました。

何もできず、状況は改善せず、悶々とする日々が続く中、私は「これまでのやり方ではダメだ。何か新しい方法に取り組まなければ」……という想いを強くしていました。

そして職人起業塾をアップデートした新たな手法――いわば第3のアプローチ――を模索するようになったのです。

職人不足問題×不登校児童問題＝両方一挙に解決する？

私に人生を変えるほどの劇的なヒントを与えてくれたのは「一般社団法人　経営実践研究会」との出会いでした。

経営実践研究会は本業を通じた社会課題の解決を目指す事業者が集まったグループで、情報共有や協業が活発に行われていました。研修会や講演会を通じて私は多くの方に出会い、計り知れない学びと気付きを得ました。

マイスター高等学院立ち上げのヒントをいただいたのは、格闘家のセカンドキャリアをサポートするためキックボクシングジム「ｋｉｃｋ　ｂｏｘ　ｓｔｙｌｅ」を展開している元総合格闘技のチャンピオン・池本誠知さんです。その他にも沖縄の貧困問題を解決するため沖縄を拠点にしたプロ卓球チーム「琉球アスティーダ」を立ち上げた早川周作さん、デジタル地域通貨発行のトップランナー「株式会社　ｅｕｍｏ」の新井和宏さん、次世代型組織モデルである「ティール組織」の第一人者・武井浩三さん、地域密着でＥＳＧ融資（環境や社会、企業統治に配慮して事業を行っている会社に投資すること）を積極的に行っている「京都信用金庫」の榊田隆之理事長、オリジナル酵母を研究開発して世界一のタイトルを獲り続けている「伊勢角屋麦酒」の鈴木成宗さん、障害者就労支援に関わり「日本でいちばん大切にしたい会社大賞」を受賞した「株式会社　カムラック」の賀村研さん……。さまざまな「CSV経営（Creating Shared Value／共有価値の創造：社会課題解決型モデル）」の実践者との出会いの中で、私は今の時代、事業は独りで黙々とやるものではないということを痛感しました。周囲の共感を得て、共同体を構築し、協業の輪を広げることによって事業をスケールし、社会を理想のカタチに近づける。

私は同じ志を持つ仲間との交流によって、これまで自社のみで行ってきた職人起業塾の限界に気付き、チームを組んでプロジェクトを推進していくことの重要性に目覚めさせられました。そして実際に十数名の経営者と一緒に今回のマイスター高等学院のプロジェクトを立ち上げることができたのです。

活動の中で私が着目したのは、これまで解決されなかった課題に違う分野の新たな課題を掛け合わせるというやり方でした。

これまで私が取り組んできた課題――職人の待遇の悪さが引き起こす職人不足問題（働き手がいない）――に、もうひとつの深刻な問題――社会の大きな変化に伴い最近急増している不登校児童問題（働く場所がない）――を掛け合わせることで、両方の解決が図れないか……？そんなアイデアがひらめいたのです。

私は長年、職人起業塾を通じて、現場で働く若者に「自分は何のために働くのか？」「自分は何のために生きているのか？」という問いに向き合うことを求めてきました。「自分は何のために働くのか？」「自分は何のために生きているのか？」という問いは人生の目的意識を明確化することであり、不登校、中退などで正規の学校教育からドロップアウトしてしまった若者に対しても有効であると感じたのです。

だとしたら、学歴社会から零れ落ちてしまった若者たちに職人という生き方を伝えることで、彼らに人生の選択肢を示すことができるのではないか？　それができれば職人不足も不登校児童が抱える将来への不安も、両方の課題が一気に解決するのではないか……？

これまで私は建築業界という狭い枠組みの中でいかに問題解決を図るか頭を悩ませていましたが、広い視野で社会を眺めてみれば他にいくらでも社会課題は転がっていました。そしてこちら側の課題とあちら側の課題を並べてみたら、まるでパズルがピタリとはまるように組み合わされて、「課題×課題＝課題解決」という等式を導き出せるかもしれないという仮説が浮かび上がってきました。

私は仲間の活動にも背中を押され、これまで続けてきた職人起業塾の研修ノウハウを公開し、協業の手法を取り入れてアップデートすることにしたのです。

職人育成の必要性が認められる時代が必ずやって来る

それにしても、どうして日本には職人という存在がいなくなってしまいつつあるのでしょう？

労働者不足はもちろん、建設現場における職人不足の問題はすでに世の中に蔓延しており、日本の産業全体にも深刻な影を落としています。常に建物を建てるマンパワーが不足しているため、思うような成長ができず、経済は停滞を余儀なくされています。

職人がいなくなった原因はシンプルです。

この30年、建築業界は職人の育成を怠り、その結果として「建設現場で働く職人なんてまっぴらごめんだ」と若者たちからソッポを向かれてしまったからに他ありません。確かに子供たちがなりたい職業の第1位が〝ユーチューバー〟や〝会社員〟になった時代、3K職種の代表格と認識されている建設現場の仕事が人気を博すとは思えません。

しかし、それでも30年前はまだ一定数の若者がこの業界に入ってきていました。それが急激に減少したのは経済成長が止まり、デフレスパイラルに陥った時期のこと。職人の単価が下がり、「きついけど儲かる」という職人の持つ大きなメリットが消えてしまったことが原因です。もうひとつ職人減少の要因として考えらえるのは、情報化社会の発展の中で仕事の受注のやり方が変化したことです。マスメディアやインターネットの普及によって建築業界は大きな変化を遂げました。

それまで「家を建てたい」「改築したい」と思う人たちは、地域に根差した工務店に工事を依頼することがほとんどでした。しかしチラシやテレビCM、インターネットの台頭で広告宣伝の力が強まると、そこに資金を投入できる大手事業者に仕事が集中するようになります。日本全国に住宅展示場が作られ、テレビやラジオでその存在を知った顧客は休日に足を運び、有名で安心感のある大手に新築住宅を依頼するようになります。

これまで顧客から直接依頼を受けていた地域の事業者は仕事を失い、その穴埋めとして大手の仕事を下請けとして受注するようになりました。それによって職人たちも自主独立の立場から一転、1日いくらで雇われる不安定な存在へと成り下がってしまったのです。

私が職人の世界に飛び込んだ1990年代はまだ大工の収入は悪くなく、修業の期間はあるものの一般的なサラリーマンよりは稼げる職種と見なされていました。しかし現在は一人前の大工になっても保険や経費を差し引いた実質年収は400万円程度。職人は稼ぎも少なく、保証もなく、さらには将来に対する夢も持てない〝ないないづくし〟の職種となってしまったのです。

しかし、モノづくりに関わる仕事が社会に欠かせないものであることは、今も昔も変わりません。職人がいなくなれば家やマンションが建たないし、生活のインフラ設備の保全もままなりません。自然災害からの復旧も予防も叶いません。ましてや日本は世界有数の地震大国。災害に備えることは国家の安全保障にとっても重要です。

それに子供たちが木工教室でうれしそうに工作に励む様子を見てわかるように、モノづくりはシンプルに楽しいものです。私は「安心して働ける正規雇用という労働環境」「平均よりも高い生涯収入」「年齢を重ねて身体的なパフォーマンスが落ちた後、現場で働く以外の次の仕事が見出せるキャリアプラン」を提示できれば、若者の目にも職人は魅力的な職業に映るはずだと考えていますし、実際弊社では若手大工たちがいきいきと働いています。

現在の職人不足が加速すると、国の経済が立ち行かなくなることは火を見るよりも明らかです。職人はある意味、日本経済の土台を支える存在です。「人気がないなら、なくなってしまって構わない」で済まされないのが職人です。

となると職人の価値が見直される時代がすぐそこまで来ていると考えてもおかしくないのではないでしょうか？　日本全体のインフラ整備を継続していくためにも、これから必ず職人育成の必要性が認められる時代がやってきます。

ただし、いくら職人が必要といっても誰でもいいというわけにはいきません。これまでと同様、仕事はできても人間的に未熟なままであれば、コンプライアンスが厳しい令和の時代に社会が受け入れてくれるはずがありません。

私たちが求めるのは建築の技術だけでなく、社会的な基礎能力やコミュニケーション能力を備え、さらに明確な目的意識と志も胸に秘めた自立した職人です。

そうした職人がいなくなりつつある今、自分が職人を育てる仕組みを創らなければならない――私が職人起業塾をはじめたのは以上の理由からでした。

「未来創造企業」の認定制度で業界の環境改善を推進

職人不足の解決は職人自身が守られるべき存在となり、自ら価値を生み出せる人間に成長すること――私はそうした信念を胸に、職人起業塾をはじめて以来、300人以上の若者に接してきました。まだ何も知らない十代の青年たちを採用し、現場を任せることのできる一人前の職人に育てるだけでなく、その後は現場のリーダーとなり、さらには事業所のマネジメント層にまで参画できるようさまざまな研修を行ってきました。

その結果、私が代表を務める「株式会社　四方継」では現在、社歴15年程度の大工や設計メンバー4人に対して事業承継を行っています。企業の中にいながら新規ビジネスを立ち上げる「イントラプレナー（社内起業家）」といわれるスタイルを採用し、実力を持ったメンバーが協力して全体最適を叶えていく自立分散型の組織へと移行しています。これが世代を超えて循環するようになれば、本質的な民主主義に立脚した誰もが生きがいを持てる組織へと変容し、持続性が大きく高まります。

私が望むのは会社に都合のいい社員を増やして、自社の利益を拡大していくことではありません。会社で一人前になった職人が外の世界でも通用する経営者としての実力を身に付けた上で、自分だけよければいいのではなく、次世代の育成や業界全体の地位向上を目指して同じ志を共有する仲間たちと助け合い、想いを分かち合っていく組織体です。

そのためには現場で働く人間が〝誰かに指示されて作業を行うだけの技術者〟であって

はいけません。自分たちで主体的に働き方を決め、それぞれの特性を活かして持続可能なプロジェクトを進めていかなければなりません。

しっかりと環境を整え、教育を施すことができれば、職人は単なる肉体労働者ではなく、知的労働者となります。もともと職人は決して地位が低い職業ではないのです。私は自助の精神とイントラプレナーシップ（社内起業家精神）を身に付け、未来を切り拓く志を持つ職人への変容のサポートこそが、この国の社会課題である職人不足を根本的に解決する唯一のアプローチだと確信し、懸命に育成に励んできました。

そうした活動を行う中、次に私が課題だと思うようになったのが職人をめぐる環境の整備でした。

平成24年度に厚生労働省が実施した「顧用管理現状把握実態調査」というアンケートがあります。この資料を見ても建築業界離職の理由には「休みが取りづらい」「遠方の作業場が多い」「労働に対して賃金が低い」「雇用が不安定である」といった回答が並び、「若年技能労働者を定着させるための取り組み」の項目には「社会保険への加入」「福利厚生の向上」「職場の人間関係をよくする」「月給制の導入」「技能教育の推進、資格取得の支援」といった提案が並んでいます。

企業が考える若年技能労働者が定着しない理由（複数回答）／
建設業離職者（離職時若年層）が仕事を辞めた一番の理由

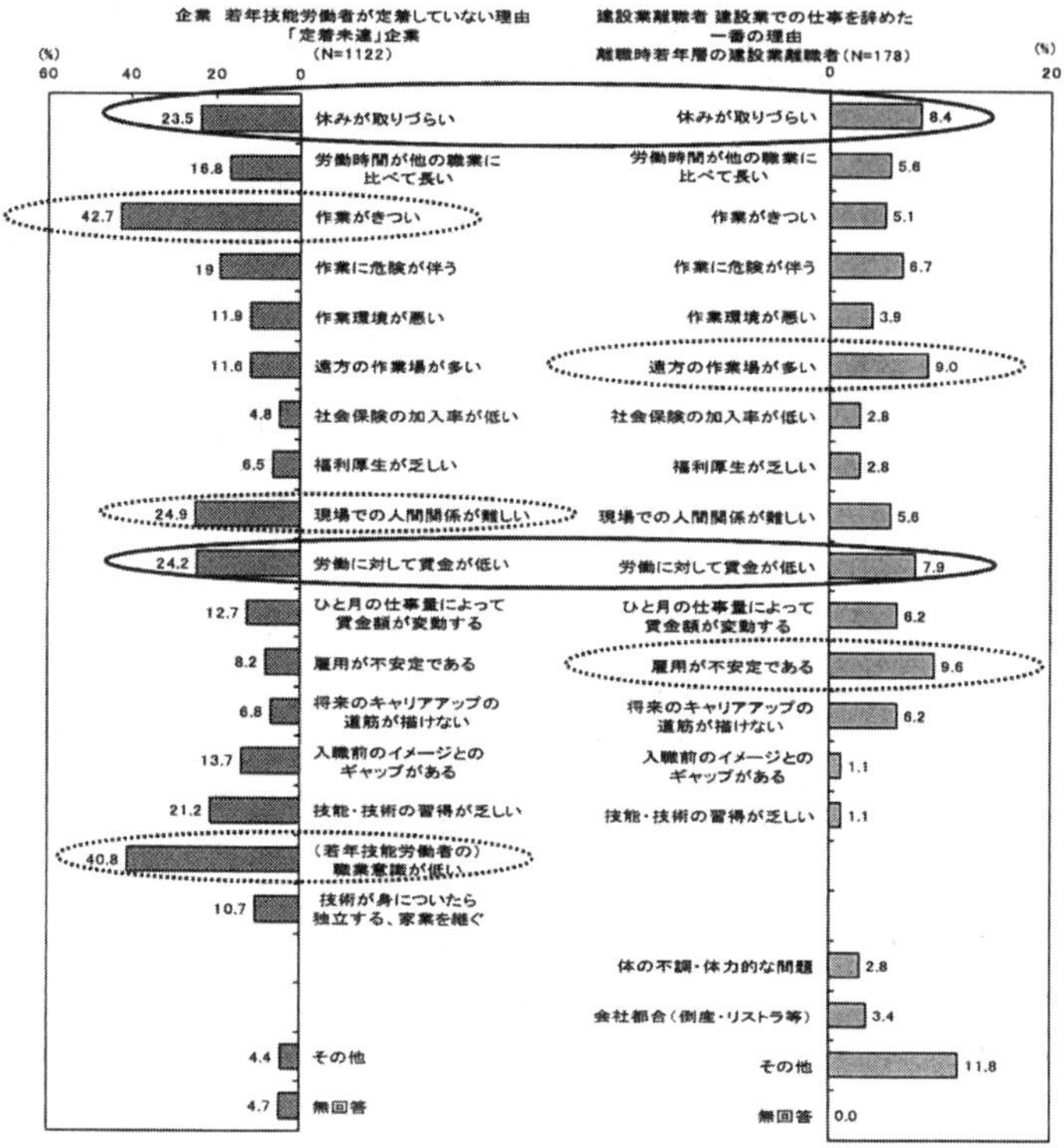

若年技能労働者を定着させるための取り組み（採用状況別・定着状況別）

（複数回答）

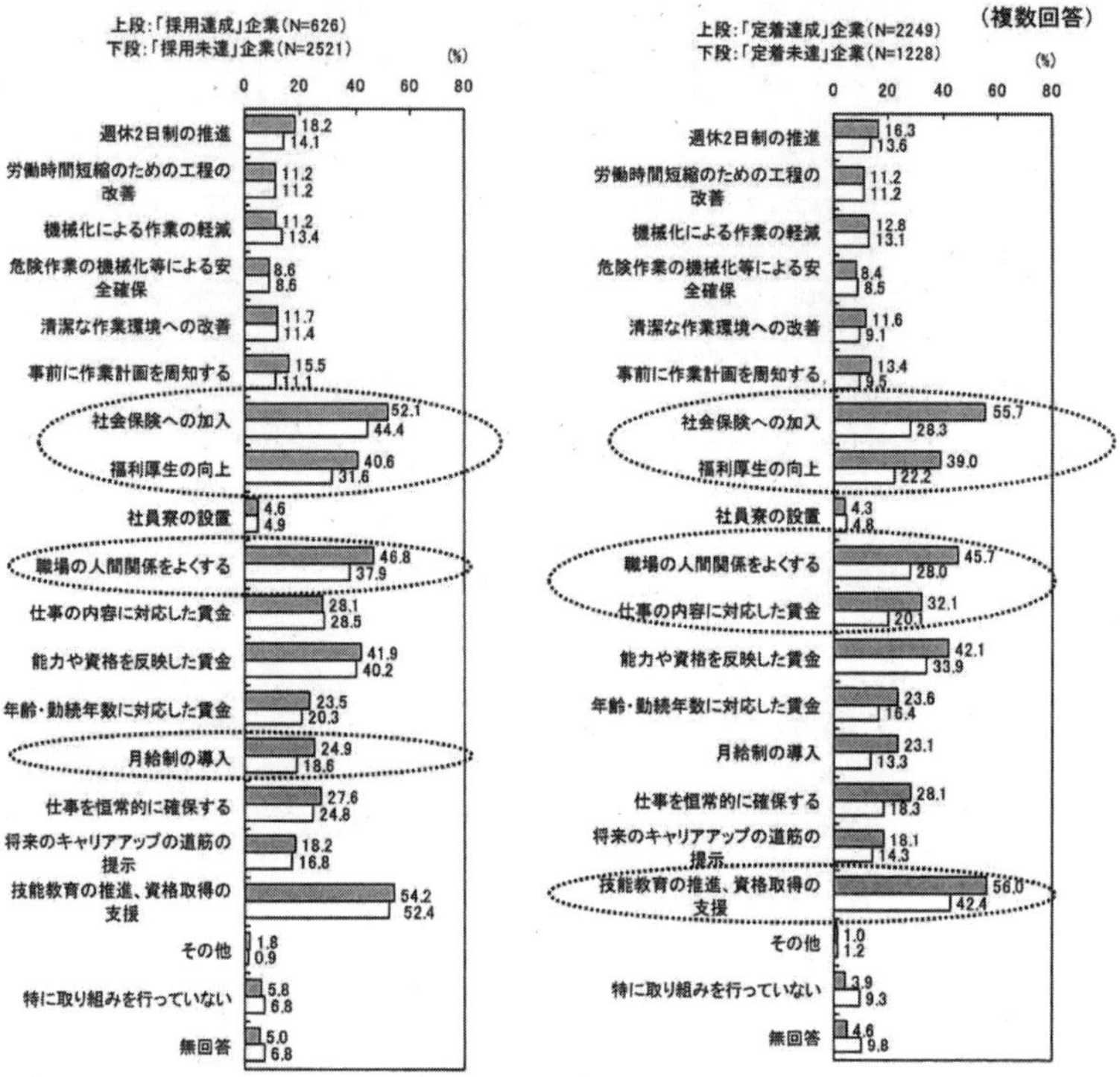
上段：「採用達成」企業（N=626）
下段：「採用未達」企業（N=2521）
(%)
0 20 40 60 80
週休2日制の推進 18.2 14.1
労働時間短縮のための工程の改善 11.2 11.2
機械化による作業の軽減 11.2 13.4
危険作業の機械化等による安全確保 8.6 8.6
清潔な作業環境への改善 11.7 11.4
事前に作業計画を周知する 15.5 11.1
社会保険への加入 52.1 44.4
福利厚生の向上 40.6 31.6
社員寮の設置 4.6 4.9
職場の人間関係をよくする 46.8 37.9
仕事の内容に対応した賃金 28.1 28.5
能力や資格を反映した賃金 41.9 40.2
年齢・勤続年数に対応した賃金 23.5 20.3
月給制の導入 24.9 18.6
仕事を恒常的に確保する 27.6 24.8
将来のキャリアアップの道筋の提示 18.2 16.8
技能教育の推進、資格取得の支援 54.2 52.4
その他 1.8 0.9
特に取り組みを行っていない 5.8 6.8
無回答 5.0 6.8
上段：「定着達成」企業（N=2249）
下段：「定着未達」企業（N=1228）
(%)
0 20 40 60 80
週休2日制の推進 16.3 13.6
労働時間短縮のための工程の改善 11.2 11.2
機械化による作業の軽減 12.8 13.1
危険作業の機械化等による安全確保 8.4 8.5
清潔な作業環境への改善 11.6 9.1
事前に作業計画を周知する 13.4 9.5
社会保険への加入 55.7 28.3
福利厚生の向上 39.0 22.2
社員寮の設置 4.3 4.8
職場の人間関係をよくする 45.7 28.0
仕事の内容に対応した賃金 32.1 20.1
能力や資格を反映した賃金 42.1 33.9
年齢・勤続年数に対応した賃金 23.6 16.4
月給制の導入 23.1 13.3
仕事を恒常的に確保する 28.1 18.3
将来のキャリアアップの道筋の提示 18.1 14.3
技能教育の推進、資格取得の支援 56.0 42.4
その他 1.0 1.2
特に取り組みを行っていない 3.9 9.3
無回答 4.6 9.8

職人の地位向上には教育と未来を描けるキャリアシステムが必要です。それを叶えるのは事業所であり、若い職人を呼び込むためには事業所は他業種と比しても遜色のない人事制度をはじめとするガバナンスを整えなければなりません。

しかし企業の内部統制は外部から見えにくく、規則や制度が整っていたとしてもそれがきちんと適用されているかどうかは外の人間にはわかりません。となると必要なのは第三者による認証です。優良企業の認証を行う機関や団体は数多くありますが、さまざまな認定基準や認証制度を調べた結果、私はもっともエビデンスを明確に示せるのは「未来創造企業」の認定だという確信に至りました。

未来創造企業は、日本最大級のシンクタンクである「一般財団法人　日本総合研究所」と「一般社団法人　日本未来企業研究所」が作り出した指針を元に「ＳＳＣ（サステナブル・ソーシャル・カンパニー）未来創造企業」を認定するもので、そのためには87項目にも上るチェック項目をクリアする必要があります。建築業界に属する各事務所が未来創造企業の認定を得れば、環境や社会、地域にも配慮した持続可能性の高い会社であることが一般の人々にアピールできます。建築業の中にもブラックやグレーではない会社が存在することと証明されるのです。

今回マイスター高等学院に参画し、開校準備を整えた企業の全社が、この未来創造企業の認証を受けている、もしくは、現在取得している最中です。これまで30年間、解決の糸口を見出せなかった職人不足問題ですが、本質に立ち返り、教育と育成、事業所のガバナンス整備を推し進め、その透明性を担保することで職人が安心して働くことのできる環境が整おうとしています。

職人不足、若者の建築業界忌避という現状を憂うなら、まずは建築事業所、経営者が先に変わらなければならない——職人不足問題の根本解決は、そうした業界の自浄作用の先にあるものなのです。

マインドチェンジを促したいのは大人であり経営者層

ここで改めて整理しましょう。

どうしてここまで職人不足がひどいことになってしまったのか？　それを簡単に説明すると理由は3つにしぼられます。

①職人として働きたい若者がいない

子供たちの将来なりたい職業の1位が〝ユーチューバー〟や〝会社員〟となっている昨今、肉体労働で汗を流して働くというのは時代にそぐいません。これはＩＴ化が急激に進む隣の中国でも非常に大きな問題になっていて、日本と同じく若者の職人離れが進んでいます。

一方、ドイツや北欧、アメリカでマイスターとして活躍する職人は一般の作業員の5〜10倍もの所得を得て、一定の人気を誇っています。それを考えると問題の本質は、職人の教育やキャリアプランの構築に取り組んでこなかった業界側にありそうです。

②職人として就職する会社がない

たとえ職人を目指す若者がいたとしても、彼らの前に立ちはだかるのは「安心して働ける会社がない」という現実です。

建築業界は職人不足に苦しんでいるはずなのに、現場実務を行う職人を正規雇用の社員として迎え入れようとする事業所はほとんどありません。モノづくりの技術を身に付けるには個人事業主である一人親方に弟子入りするくらいしか方法がなく、弟子入りした後は就労規定も社会保険もない日雇い労働者のような扱いが待っています。また、職人の分業化が進んでしまった現在、職人は働いた日数分の日当程度しか収入はなく、弟子を育成する経済的な体力のある親方はなかなかいません。

また、職人の数を増やすには受け入れ先となる事業所を多く作ることが必要ですが、必要な時だけ外注の職人を雇う場合に比べて、職人の内製化、育成には社会保険や厚生年金、有給休暇などの福利厚生も必要となり、一人あたり1千万円以上の投資が必要です。おまけにそれだけ費用をかけても、一人前になった途端に会社を辞めて転職、フリーランスになるということも十分あり得る話です。そのリスクを背負った上で引き受ける覚悟と、職人育成のためにかかる費用をどのように捻出するかという計画を持てなければ、職人の正規雇用は難しいというのが現実です。

③職人を育成する知識と経験がない

よしんば若者を受け入れたとしても、会社が職人を育成するノウハウやスキームを持っていないというのが3つ目の問題です。前述したように、職人を育成するには多大な費用が必要です。それゆえ正社員として採用した職人が外注の職人と同じ役割、同じ働き方、同じ生産性では競争力を失ってしまいます。

もしも正社員職人を育成するのなら、正社員職人ならではの付加価値を生み出せる教育を施し、ただの作業員と化してしまった一般の職人にはないスキルを身に付けさせなければなりません。しかしこの方法論を理解して実践している事業所は多くありません。

こうした3つの課題を同時に克服するには、会社側の制度（キャリアプラン・教育）を構築し、収益構造（マネタイズ・マーケティング）を刷新し、価値創造（マネジメント）を改革することが必要ですが、これらはモノづくりに特化した建築会社が得意とする分野とはかけ離れています。

マイスター高等学院は若手職人を育成するプロジェクトですが、それは同時に受け入れ側となる事業所の抜本的な構造改革を進めるプロジェクトでもあります。私たちは職人育成のカリキュラムを提供するだけでなく、事業所の人事制度やキャリアプランなどのガバナンス整備、また未来創造企業認証を取得することによる共感型ビジネスへのシフトも含めて包括的なサポートを行っています。

このプロジェクトに参加することで5年後にはある程度の戦力になる職人を内製化する

ことができると同時に、モノづくりの本質を担う自立循環型事業所へと転換できます。マイスター高等学院は一見、若者のための事業のように思われるかもしれませんが、私たちが本当にマインドチェンジを促したいのは今の大人であり、経営者層に他なりません。

ここまで私は建築業界の問題としてこの話をしてきましたが、現在マイスター高等学院には飲食や介護、製造業といった他分野からの問い合わせも数多く届いています。先程挙げた3つの課題――若い働き手不足、受け入れ側となる事業所のガバナンス不備、教育ノウハウの欠如――は建築業界だけでなく他の業界にも共通するものであり、同じような危機感を感じている事業所も相当数存在します。業界の垣根を超えて協力し合うことで、今や私たちの動きは社会全体を巻き込んだ大きなムーブメントになろうとしています。

日本に新たなカタチの「キャリア教育」を根付かせる。若者も大人も、建築業界も介護業界も飲食業界も製造業も同時に変わる。新人もマネジメント層も一緒になって、教育と労働の既存システムを刷新していく――その変革の象徴がマイスター高等学院なのです。

活動の根幹にある「タレンティズム（才能主義）」

ここまでムーブメントや変革など、おおげさな言葉を並べてきました。「こいつは単に大風呂敷を広げているだけなんじゃないか？」と思われないためにも、ここでいくつかの補足をさせてください。

まずどうして職人の育成に力を注ぐことで、持続性の高いビジネスモデルが構築できるのかについて。そもそも私は「タレンティズム（才能主義）」という考え方を信じています。タレンティズムとは「どんな人でも顕在化されていない才能を持っており、それを開花させることができれば大きな価値を生み出せる」という考え方です。つまり人には〝才能がある人〟と〝才能がない人〟がいるのではなく、すべての人に才能は備わっていて、問題はその才能を引き出せるかどうか、それを適した場所で活用できるかどうかだとする見方です。

私がこの考え方を信じるようになったのは、私自身の人生がまさにそうだからです。私は勉強が苦手で、高校を途中で中退してしまった人間です。私が育ててきた職人たちの中にも勉強が苦手で、人とのコミュニケーションも得意ではなく、ただ体力に自信があるといった理由でこの世界に入ってきた者が数多くいました。

しかし彼らは職人起業塾で学び、それを現場で実践するうちに、これまで自覚していなかった才能をみるみる発揮していきました。一介のブルーカラーにすぎなかった若者が、学びを実践し、コミュニケーションスキルを身に付け、資格を取得するなど成果を手にして自信を獲得することで、自分でも想像していなかった知的労働者に姿を変えていったのです。

人は誰でも変わることができる。むしろ自分の本当の才能に気付き、それを発揮できている若者の方が少ないのではないか？——それが私が研修を通して理解した真実です。

これから職人を目指そうとする若者は、まだ自分にどんな才能があるか知りません。学歴社会から脱落して〝職人になるしかなかった〟若者は自己肯定感が高いはずもなく、セルフイメージの低さから目標設定も低く、成長のスピードも遅くなりがちです。

マイスター高等学院ではその〝才能不信〟を2つのアプローチで解消していきます。

1つは個性診断です。まずはデータ分析に基づいて自分自身が持つ特性や志向性、その先にある可能性をしっかり自覚してもらいます。孫子の言葉に「彼を知り己を知れば百戦あやうからず」というものがありますが、古代中国の時代から自分が何者なのか知ることはどんな戦場でも重要と見なされてきました。自分自身を理解した後、その良い部分を伸ばせるようなカリキュラムを組むことで、将来に向けて明るい希望を持ちながら一人前の職人を目指してもらいたいと考えています。

もうひとつのアプローチは「アクティブ・ブレイン・セミナー」です。たとえば「1日で百個以上の英単語を暗記する」といえば、そんなの絶対ムリだと思ってしまうのが普通でしょう。しかし正しい記憶術を学べば、ほんの少しの努力で実際にできてしまいます。こうした〝絶対にできないと思っていたことができる〟体験を通して自分の中にある偏見を正し、自らの可能性に興味を持ってもらいます。

入学と同時に自らの特性と潜在的な可能性を知る。それを下敷きに3年間の学生生活で職人としての技術と現場での経験を積めば、必ず大きな成長が見込めるはずです。それは会社に多大な利益をもたらすだけでなく、何があっても揺らぐことのない人的資産として会社の継続に貢献してくれるはずです。

誰の中にもある才能を信じ、それをその人に適した方法で開花させる。私はそれが教育の本来のカタチであると考え、マイスター高等学院では、カリキュラムを組み立て、実践しています。

養護施設出身者が社会に出る際のソフトランディング

教育という言葉が出た流れで、職人育成と並ぶマイスター高等学院の柱である教育についてもお話ししましょう。言うまでもなく、15歳から18歳までの時期は子供たちが人生の選択を行うタイミングです。この時期に社会で活躍できる力を身に付け、働く目的を明確に持つことが、彼らが生きがいを持って人生を生きるための第一歩になります。

ところが、高度経済成長を経て日本は学歴偏重の社会になり、高校、大学への進学は受験競争を勝ち抜き、少しでも知名度の高い学校へ進むのが良しとされる風潮になってしまいました。本来の役割であったはずの〝社会に出るためのトレーニング〟という要素もなく、日本の学校教育は形骸的なラベルを取得するだけの空っぽの行為になってしまったのです。

現在はそれに意味を感じない子供たちが学校にNOを突きつけ、30万人を超える児童が不登校となり、10万人が高校からドロップアウトするという状況が発生しています。これは学校教育の崩壊を表す数字です。私たちはそんな彼らに学歴だけではない、社会で活躍できるもうひとつの選択肢を提供したいと思うのです。

私がこのような考えに至った背景には、多くの方々との出会いがあります。
その中の一人が「税理士法人　エンパワージャパン」代表の穂坂光紀さんです。穂坂さんは家庭環境に恵まれない子供達の救済をテーマに、社会的養護を拡充しようと積極的に活動されています。穂坂さんが行っている「大空への翼プロジェクト」は児童養護施設を卒園した子供たちの就業をサポートする取り組みで、児童養護施設出身者の就業支援を行う「NPO法人　フェアスタートサポート」と協力しながら、彼らが社会になじめるよう、学生時代からアルバイトとして雇用し、卒業後は正社員として採用すると共に、共にプロジェクトに取り組む事業所を募っています。

近年児童虐待の通報件数が増えているという報道をよく目にしますが、児童養護施設に入所する児童の数はあまり変わっていません。児童養護施設は財政的に運営が厳しいところが多く、新規の開所も少ないことからキャパオーバーになっているのが現状です。

そんな中、2022年には児童福祉法が改正され、施設で暮らす子供は18歳を超えても施設で暮らし続けることができるようになりました。しかし実際は高校卒業と共に働きはじめ、施設から退所させられるケースがほとんどです。

いきなり社会に投げ出され、慣れない仕事と一人暮らしを同時にスタートさせた子供たちに大きな負荷がかかるのは想像に難くありません。彼らはキャリア教育も受けていなければ、社会で働いた経験もないのです。帰る場所もなく、相談する相手もおらず、時には養護施設出身という好奇の視線にさらされることでしょう。

そうした理由から社会になじめずに離職してしまう若者は多く、養護施設出身者の約1割が生活保護を受けているという統計もあります。家庭に問題があり、社会的養護を必要としている若者たちに対するケアは十分に機能していないのが現実です。

私は穂坂さんやフェアスタートサポートの永岡鉄平さんらと交流する中で、マイスター高等学院は養護施設出身者が社会に出る際のソフトランディングを可能にする最適な機関だということに気付きました。

マイスター高等学院では、高校卒業の資格を取りながら、将来就職する事業所で技術を学び、社会で活躍できる力を養います。金銭面でも高校時代からOJTで給与が与えられ、就職時には見習いではなく準即戦力として入社できます。初任給は大卒よりも高い水準です。さらに、年歳の近い先輩と親しくなれば悩みも相談できますし、育成担当はコーチングの資格を保有しています。すでに3年の間、会社や社会と接点を持っているため、学校を卒業して一人暮らしをはじめるにしても、現在のような〝いきなり社会に投げ出される〟

状態とは大きく異なります。

つまり社会へのソフトランディングという意味で、これ以上ない条件が揃っているのです。

「SX（ソーシャル・トランスフォーメーション）」への転換

私はマイスター高等学院を立ち上げる以前からキャリア教育の重要性、学歴社会になじめない不登校児の増加といった問題は意識していました。しかし穂坂さんやフェアスタートサポートの永岡さんに出会い、実際に児童養護施設への訪問を重ねる中で、改めて虐待を受けて家庭的養護を受けられない子供がこんなにいるのかという事実に衝撃を受けました。

社会的養護を必要とする子供たちが増え続けているという事実は、弱者に対する現代社会の態度の結晶だと感じます。何の罪もない子供が暮らす家もなく、育ててくれる親から見捨てられたり虐待を受けたりして社会から排除されてしまうのは大きな損失です。

社会的養護とは18歳になって施設を出るまでではなく、社会に出て自立し、生きがいを持って生きられるようになるところまで含めてだと私は思います。そして私たち地域の企業がそんな逆境に置かれた子供たちを受け入れて、育んでこそ社会的養護は成立するのだと思うのです。

近年、時代の大転換期と言われるほどビジネスを巡る環境は激変しています。それにともない、企業にはトランスフォーメーションと呼ばれる変化、変換、変形、変質が求められています。「DX（デジタル・トランスフォーメーション）」という言葉はすっかり定着しましたが、次の段階として「CX（コーポレート・トランスフォーメーション）」と呼ばれるガバナンス整備や組織の透明化、トップダウンからボトムアップへといった企業構造の転換も進んでいます。

そしてDX、CXの次に求められるのは「SX（ソーシャル・トランスフォーメーション）」です。あふれかえる社会課題は行きすぎた資本主義の弊害であり、企業が収益だけを追い求めていては、社会は格差と貧困、分断が進み成り立たなくなります。今はそうした懸念から、企業の在り方自体を見直すムーブメントが起こりつつあります。

企業がSXを進めるにあたって中心にあるのが、1999年に国際労働機関（ILO）が提唱した「ディーセントワーク（decent work）」という考え方です。ディーセントワークは日本では「働きがいのある人間らしい仕事」と訳されており、公正なグローバル化、貧困の克服、人間の尊厳、雇用における差別の撤廃といった労働における基本的な価値の実現を目指しています。

地域企業がこのディーセントワークを進めた上でSXするにあたって、もっとも取り組みやすく、社会的な価値も高いのが教育事業への参入です。今後あらゆる業種、業態で人手不足が進行することを考えても、社会で活躍する若者を育て、定着させる体制を整えることには大きな意味があるのではないでしょうか？

私は「企業は人なり」の原則論から、あらゆる事業所は人材を育てることが主たる事業であるという持論を持っています。すべての事業所は教育機関になるべきなのです。

時代の変化に取り残されることもなく、利益偏重の〝株主利益中心の経営〟から、社会に必要とされる企業へ、〝存在価値中心の経営〟へとトランスフォーメーションするには、事業所が未来創造企業として第三者からの認定を受けた上で学校の機能を備え、地域の子供たちを迎え入れ、未来を育む機関になるのがもっとも効果的なアクションだと考えています。

子供は国の宝であり、未来です。すべての子供に安心と希望とチャンスを手渡すことこそ、私たち大人の、そして企業の最大の務めではないでしょうか？

地域に根差して事業を行なっている事業所が学校や教育機関へとソーシャル・トランスフォーメーションする。高校の機能を併設してＯＪＴで仕事を教えながら、人としての在り方、働くことの意味や目的、倫理観に至るまで本質的な学びの場を提供し、若い世代にキャリア教育を行っていく――その皮切りとなるのがマイスター高等学院です。

私は将来、この形態が日本の教育でひとつのスタンダードになると信じています。

私たちがマイスター高等学院を立ち上げた理由は何なのか？

その答えは簡潔に言えば「社会の進化と成熟の方向性がそちらに向かっているから」「時代がそれを求めているから」――それ以外にはありません。

第2章

マイスター高等学院の教育理念とスキーム

ダブルスクール制度を利用して高校卒業の単位と実務技術を獲得

ここからはマイスター高等学院の教育理念とスキームについて説明していきましょう。前章で「会社が学校になる」と繰り返し書きましたが、それが具体的にどういうことかよくわからないという方も多いと思います。学校といっても誰が先生になって教えるのか？　高校卒業の資格が取れるというけどどうやって？　学生気分の子供が会社にいたら他の社員の足手まといになってしまうんじゃないか？……みなさんの中にも、きっとさまざまな疑問が浮かんでいることでしょう。

私たちは一体どんな教育を展開しようとしているのか。まずは全体の構造についてお話しします。マイスター高等学院はダブルスクール制度を利用した通信制の高校です。入学を希望する若者は同時に2つの学校に入学することになります。

1つ目の学校は高校卒業資格を取るための学校です。マイスター高等学院は文部科学省の認可を受けた通信制高校と提携しており、そこに入学してもらいます。

入学といっても実際の学校に通うわけではありません。入学するのは通信制高校なので基本はレポート提出でＯＫです。半期に3日程度のスクーリングが必須なのと、内容がわからない部分に関しては対面授業で教えてもらえるサポートクラスが毎週金曜日にあり、それらを選択することで文部科学省で決められたカリキュラムをこなして高校卒業の資格に必要な74単位が取得できます。

もうひとつの学校は会社です。生徒は学生の身分を持ちながら、モノづくりを行う事業所と3年間の期間限定社員の雇用契約を結びます。ここではモノづくりの現場に出て、教育担当の先輩からＯＪＴ（オン・ザ・ジョブ・トレーニング：実際の職場で実践的な指導を受けること）で直接実務を学びます。

事業所では職人になるための技術指導以外に、社会人・職業人としての考え方を身に付けるＯＦＦ－ＪＴ（オフ・ザ・ジョブ・トレーニング／職場から離れた場所で受ける研修やセミナー）の研修も実施しています。そこでは『論語』や『大学』といった古典を紐解く修身の授業と共に、ビジネススクールで学ぶような目的意識の明確化や、仕事を通して手に入れられる喜びを探究する時間を持ちます。自分で決めた計画を確実に実行できる習慣を身に付ける実践型授業を展開しているのです。現在、この習慣を身に付け、人間力を高める授業は私が行っておりますが、講師養成講座を受講した各会社の担当者が行えるようになります。現場実務者がビジネススクールの教師としての新しいキャリアを手に入れることにもつながるのです。本校に入学した生徒は、こうしたダブルスクール制度の下で3年間のカリキュラムを習得します。すべてを学び終えると、卒業時には高校卒業の資格と、見習いではなく準即戦力の職人として仕事ができるスキルの両方が身に付いているというわけです。

さらにうれしいことに、2番目の学校（つまり受け入れ先の事業所）では期間限定社員扱いなので、勉強しながら給料ももらえます。学生という身分のまま現場で仕事が学べるという意味では〝インターン〟も同じですが、インターンは給料をもらえません。しかしマイスター高等学院ではお金をもらいながら立場も身分も保証され、勉強もできるという若い人にとって多くのメリットが得られる環境が用意されています。

今説明したことを教育のカテゴリーにまとめると、マイスター高等学院は3つの学びから形成されているということになります。

①高校教育

マイスター高等学院が提携する通信制高校で学びます。現在、提携しているのは猪名川甲英高等学院（駿台甲府高等学校通信制課程）です。今後、全国の通信制高校と連携してサポート体制の構築を進めていきます。

この学びの基本は毎週のレポート提出です。生徒が必要だと思う科目については対面でのサポート授業が受けられます。現在、対面の授業は兵庫県川西市にある猪名川甲英高等学院の川西能勢口キャンパスで行っています。ここでは国語、英語、数学、社会など一般教科について学び、高校卒業程度の学力を養います。

②技能教育

まさにマイスター（職人）を養成する部分で、大工・左官・板金・内装・設備・塗装・足場・電気・土木などさまざまなコースがあります。これまでお話ししてきた「会社が学校になる」というのはこの部分で、ここでの学校は地域で経済活動を行っている事業所であり、学生はその会社の期間限定社員という扱いになります。学生はＯＪＴで会社の先輩から仕事を教わり、職業人としてのスキルを身に付けていきます。

学生を受け入れるサポート企業は現在16校（２０２４年5月現在）で、大阪・兵庫・京都・奈良など近畿圏を中心に全国に展開しています。すでに建築以外の事業所も開校の体制を整えつつあり、参加企業（サポート校）は幅広い業種で全国に広がる予定です。

③志・ビジネス教育

学生は普段は所属する事業所でOJTによって仕事を学びますが、隔週火曜日はOFF-JTで特別研修を受講します。ここで教わるのは人生の目的の明確化や、なんのために働くのかといったマインドセットであり、修身の学び場になっています。

この授業は私が職人起業塾で使用してきたイントラプレナーシップ（社内起業家精神の醸成）カリキュラムをベースにしています。社会人向けだった内容を高校生向けに再編し、基礎の部分である〝人としての在り方〟を深く探究してもらえるよう古典の素読なども組み込んでいます。

改めて整理すると、マイスター高等学院の生徒は「通信制高校で高校卒業程度の学力を身に付け」、「所属する各事業所で職人としての技能を学び」、「社外研修を通して社会人としての在り方や職人としての姿勢を教わる」という仕組みになっています。基本的に通信制高校で学ぶカリキュラムと志・ビジネス教育の中身は全員共通で、身に付けるスキルに応じて所属するサポート校（事業所）やそこで教わる技術的な内容が異なるという感じです。学生たちはこれら3つの学びの要素を月曜から金曜それぞれに割り振り、学力と技能、そして社会人としての心の在り方を磨いていきます。

学習・研修の流れ

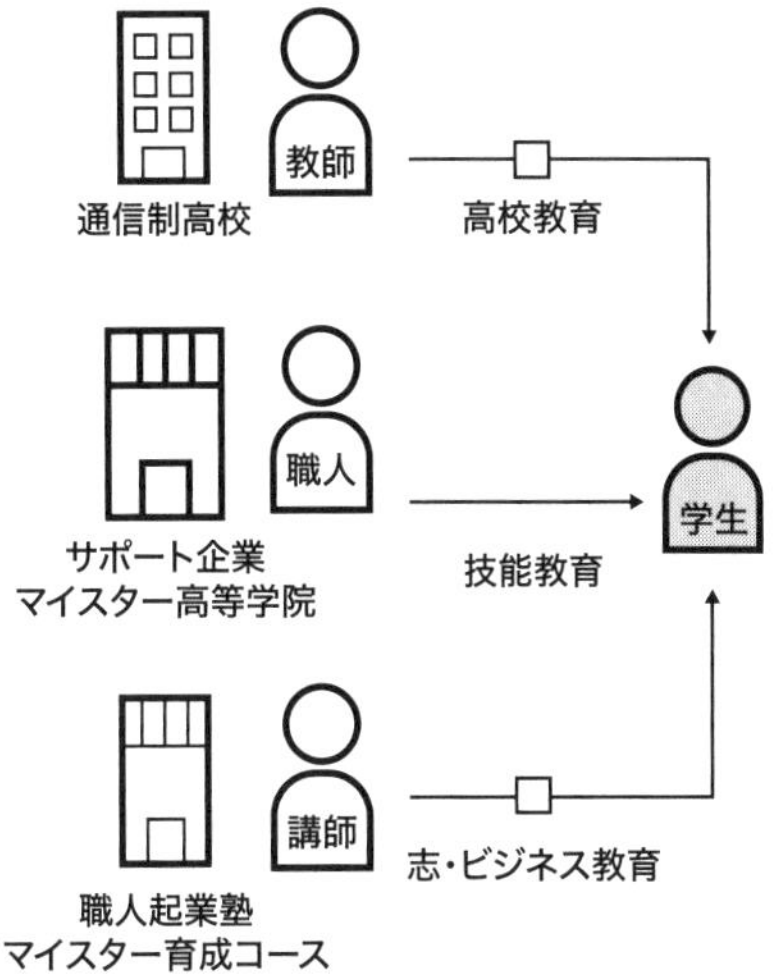

1週目のカリキュラム例

	月	火	水	木	金
8:30 AM					
9:00 AM	OJT 基礎技術	マイスター 養成講座 ※隔週の特別研修	OJT 基礎技術	OJT 基礎技術	レポート作成 特別活動等 ・猪名川甲英高等学院 ・川西能勢口 キャンパスで実施
10:00 AM					
11:00 AM					
12:00 AM	昼休	昼休	昼休	昼休	昼休
1:00 PM					
2:00 PM					
3:00 PM	OJT 基礎技術	マイスター 養成講座	OJT 基礎技術	OJT 基礎技術	レポート作成 特別活動等 ・猪名川甲英高等学院 ・川西能勢口 キャンパスで実施
4:00 PM					
5:00 PM					
6:00 PM					

「コーチング」と「志教育」で生きる力の土台を構築

学力、技能、志・ビジネス――マイスター高等学院の教育は3つの要素から成り立っていることを説明しました。学力と技能については私が話すまでもないので、ここでは当校の大きな特徴とも言える心の部分＝志・ビジネス教育について詳しく説明します。

まずマイスター高等学院は、前章でもお話ししたように、もっとも重要な基本的価値観として「タレンティズム（才能主義）」を掲げています。これは人間誰もが無限の可能性を秘めており、その才能を開花させるのが学校の主な役割であるという考えです。

この教育方針を体現するにあたり、私たちは2つのスタンダードを採用しました。1つは「コーチング」によるコミュニケーション、もうひとつは志によって人間力を伸ばし、道徳観を養っていく「志教育」を軸にしたワークショップです。

まず前者のコーチングに関して、私は20年ほど前からビジネスコーチによるコーチングのセッションを受けていいます。無知で荒っぽい、トップダウン式が得意な大工上がりの経営者だった私が、現場から離れて経営者本来の仕事に時間を割けるようになったのも、社員のメンバーそれぞれが主体的に働く自由な環境の事業所になったのも、すべてはコーチングのおかげと言っても過言ではありません。

よく「過去と他人は変えられない」と言いますが、コーチングのメソッドを用いたコミュニケーションを重ねると「未来と自分は変え放題」ということに気付かされます。コーチングは自分で考えて自分で答えを出すという行為を繰り返すことで自分自身を知り、主体的に行動する習慣を身に付けるプロセスです。意識変容、行動変容の入口としてコーチングが絶大な効果を発揮することは私自身が体感しています。

マイスター高等学院は必須資格として、ＯＪＴを担当する教師役の先輩と経営者の双方に「教育コーチング」の初級認定を義務付けています。これにより学生に関わる大人たちはみな対話型コミュニケーションを理解して、〝教える〟よりも〝育む〟姿勢で生徒と向き合うことになります。教育コーチングは「一般社団法人　日本青少年育成協会」が認定機関として研修を行っているメソッドであり、近年は私立校だけでなく多くの公立学校でも取り入れられるようになってきました。教育コーチング認定校を取得することで、わが子を送り出す保護者に大きな安心を与えるエビデンスになっています。

ちなみに当校の教育コーチングのスキームは「一般社団法人　経営実践研究会」の佐々木喜一アドバイザーから助言をいただいて導入したものです。「見て覚えろ」といった昔気質の職人的な人材育成が時代遅れであることを誰もが痛感していただけに、参画された事業所の方には非常に喜ばれています。

もう1つの柱は志教育のワークショップの導入です。志教育は「一般社団法人　志教育プロジェクト」が推進する教育法になります。これも学習塾業界で圧倒的な成果を出し続けている〝教育革命家〟佐々木喜一アドバイザーが提供して下さいました。

志教育は「四魂の窓」と呼ばれる智、勇、親、愛の4つの概念を用いて、自らの基本的価値観を明らかにするところからワークをスタートさせます。自分の特性や志向を理解した上で、未来の志の実現までのロードマップを定めるなど、短期から長期にわたってモチベーションを持続させることができる緻密な設計になっています。

私は学生に志教育を受けてもらうことで、世のため、人のためになることは何なのか考えてもらいたいと思いますし、自分がこの世に生を受けた意味に気付いて、自尊心や自負心、自己肯定感を持って人生に向き合ってほしいと思っています。

これらのコーチングと志教育によって磨かれるのは、人としての土台の部分です。人は、モチベーション（動機）の設定とマインドセット（目的意識）さえしっかりしていれば、多少のことで心が折れてしまうことはありません。たとえどんな仕事に就くにせよ、モチベーションを高く持ち、自分がやると決めたことを即行動に移せて、それを継続できれば大概の目標は達成するし、必ず社会で活躍できます。

家づくりにおいても基礎と土台が何より重要なように、人づくりでも基礎部分がしっかりしていないと、いくら素晴らしい技能やスキルを身に付けても十分に発揮されません。優れた職人を育成するには、まずは人としての根本の部分から築き上げていくことが必要です。マイスター高等学院はコーチングと志教育という教育業界にこれまでほとんど採用されていなかった新しい2つの手法によって、若者たちの生きる力の土台を構築しています。

教育で採用している教科書は『職人起業塾』『論語』『大学』

マイスター高等学院の特徴でもある志・ビジネス教育に関して、もう少し具体的に解説しましょう。

マイスター高等学院の教育理念は「良知を開く」です。〝良知〟とは中国の戦国時代の儒家である孟子が用いた言葉で「人が生まれながらにもっている、是非・善悪を誤らない正しい知恵」を指します。いわゆる性善説の根幹に位置する概念です。

当校では誰もが生まれながらに持っている良知を信じ、その良知の開花を教育の目的にしています。つまりタレンティズムの考え方です。したがって授業の方式は、教師が学生に一方的に教える〝ティーチング〟のスタイルではなく、学生の成長を教師が一緒に育んでいく〝コーチング〟形式になっています。

3年間で学生が身に付ける能力も学校側が決めるのではなく、本人に何が得たいか問いかける形をとっています。物事を判断するのは常に学生であり、教師や学校はそれをサポートするだけです。これによって学生は「自分の人生は自分で設計する」という主体性を強め、自発性や自己発信力が磨かれていきます。

私たちが最初の授業で行うのは、基本的な問い掛けです。

「君は何のために学ぶの？」
「何を学びたいの？」
「将来どういう人間になりたいの？」
「そのためには何が必要だと思う？」……

そうした質問を続けることで、学生たちは人生に対する目的と目標を明確化させていきます。まずは徹底した対話によって学生の頭の中の解像度を高め、この3年間で自分は何をするべきか、自分はどういう姿勢で人生に対峙するのかというビジョンをはっきり自覚してもらいます。

そこからの授業カリキュラムは一風変わっているかもしれません。マイスター高等学院の志・ビジネス教育で採用している教科書は、私が執筆した『職人起業塾』に加えて、『論語』『大学』になります。『職人起業塾』は私が新時代の職人になるために必要な事柄を書いたもので、イントラプレナーシップ（社内起業家精神）の醸成を目的に、マーケティングの基本やスモールビジネスの鉄則について説明しています。まさに自立した職人になるための教科書的な一冊です。

では『論語』や『大学』を用いるのはなぜでしょう？『論語』は古代中国に生きた思想家・孔子の言葉をまとめたもので、『大学』も孔子の弟子が編纂したとされる思想書です。どちらも古代から人格形成のバイブルとされてきた経典「四書五経」の四書に含まれる有名な文献です。

マイスター高等学院では「社会に通用する実学で重要なのは先人の知恵を受け取り、自分の血肉にすること」という考え方を採用しています。だとすると『職人起業塾』に記した私一人の経験を受け取るよりも、３０００年という悠久の歴史を乗り越えて、今なお世界に大きな影響を与えている古典について学ぶことの方が、社会で活躍する上で重要なのは火を見るよりも明らかです。

職人になるために入学したのに、どうして中国の古典を読むのか？

「大学の道は明徳を明らかにすることにあり――」

これは孔子の弟子たちが編纂した『大学』の冒頭の一文です。

マイスター高等学院の志・ビジネス教育は、まず仮名で書かれた『大学』を素読することからはじまります。素読とは意味の解釈を加えず、本に書かれた文字をそのまま声に出して読み上げることです。

素読は授業の最初に姿勢を正して25分間行います。素読した後、今度は一節ずつ紐解いて、文章の意味を考えていきます。それを繰り返していくと、半年ほどで15歳の若者が『大学』に書かれた内容を理解するようになります。『大学』が終われば、次は『論語』です。2年生が終わる頃には、ほぼすべての学生が『論語』に関してもマスターします。

この授業内容を聞いて「なんて古めかしい教育だ。江戸時代の藩校かよ！」と思われる方もいるかもしれません。しかし私は時代が大きく転換しつつある今こそ、300年の時を超えて読み継がれている古典を読み込み、いつの時代も変わらない不易な原理原則を学ぶ必要があると考えています。

ここでひとつの実例を紹介しましょう。

マイスター高等学院初登校の日、私は高校一年生の一人の生徒に年間を通じて古典を読んでいくことを伝えました。当校は職業訓練校である以上、卒業して社会に出て、職人としてのキャリアを積み上げる際に有効な学びを得られる場であるべきです。当然学生もそれを期待しています。なのに入学したら『大学』の素読です。

僕は大工の職人になりたくてこの学校に来たのに、どうして中国の古典なんて読まなければいけないの？――それは彼が当然感じる疑問でしょう。もともと学校の勉強がそんなに好きではない、もしくは性に合わないから職人の道を目指したのに、どうしてまた座学を受けないといけないのか？　それが一体何の役に立つのか？

私は『大学』や『論語』について説明する前に、まず「3年間のマイスター育成コースで君は何を身に付けたいの？」という問いを投げ掛けました。彼が挙げたのは、以下の項目でした。

・高い人間性
・考えて行動できること
・自分で考える意識
・人との関わり方
・コミュニケーション能力
・礼儀作法
・信頼される人になること
・文章能力を身に付けること
・責任感を持つこと
・正しい選択、判断ができること
・自分を律する精神力
・謙虚さを身に付けること

彼がすでに人としての在り方を正し、精神性を高める必要性を自覚していたことに私は驚きました。一人前の職人になるには、一段ずつステップを登っていかなければなりません。私たちが設定しているゴールは、単なる道具のように扱われる現場作業者ではなく、モノづくりの専門家としての知見と経験を備えた技術職であると同時に、人材育成や顧客との関係構築、取引先との協力関係を保ちながら持続可能な事業を推進していく経営層としても活躍できる人材です。

私は15歳の彼に「君は将来、入社した会社を担っていくんだよ」と伝えました。最初に到達すべき未来の姿を示した上で、「だからこそ段階的にステップを踏んで人間としても成長していかないといけないんだ」ということを説明しました。具体的な将来像を提示されたことで、彼の中で私の言葉が違和感なく腹に落ちたように感じました。

ちなみに若い人に闇雲に「○○をやれ」と言っても簡単には動きません。どうしてそれをやるのか？　それをやることでどんなメリットが自分にもたらされるのか？——それを論理立てて説明して納得してもらえない限り、今時の若者は付いてきてくれません。昔ながらの職人のように有無を言わさずスパルタで叩き込むというのは今の時代にそぐわないし、マイスター高等学院でそのやり方は一切認めていません。

「職人見習い→一人前の職人→リーダー→経営層」という未来像

マイスター高等学院では入学して最初の授業で、年間のカリキュラムや学ぶ目的などの全体像を伝えますが、それと共に、これから生徒たちが辿る成長のステップを、言葉だけではなく図も使いながらわかりやすく示します。

当校の生徒が辿る成長のステップは、以下の４つの段階に分けられます。

●第1段階「先輩との関係性」

学校を卒業して職人として社会に出ると、最初は先輩に技術を教えてもらう立場からスタートします。ここでつまずいてしまうと、一人前の職人になることを志していた若者が離職してしまうことが結構あります。

もちろん教える側の問題もありますが、教えられる側に心の準備ができていれば衝突を避けられる可能性も高くなります。新人が〝身を修める（修身）〟意識を持って、謙虚に、素直に、周囲に心を配りながら自分にできることを積極的に行えば、必ず先輩に可愛がられるはずです。

●第2段階「誠実な姿勢」

職人見習いの時期を過ごして技術や経験を身に付けると、次は仕事を任される段階に入ります。決まった図面や仕様書に従ってモノづくりを行うことになりますが、〝忠恕《ちゅうじょ》（自分の良心に忠実であることと、他人に対して思いやりの深いこと。忠実で同情心に富むこと）の心〟を固く持ち、誠実で真摯に仕事に向き合っていれば、先輩たちの手助けを仰ぐことができます。

また、仕事の目的をよく理解して、顧客の立場に配慮しながら作業を進めることで必ず大きな評価を得ます。職人の世界は底がないほど深く、施工技術も材料も日進月歩で進化しています。長年の経験があっても新たな気付きや学びの姿勢を怠ってしまえば、圧倒的な信頼を勝ち得ることはできません。顧客からの信頼の入口は、一人で仕事を任された時に〝誠実な姿勢〟で向き合えるかどうかにかかっています。

●第3段階「リーダーシップ」

現場作業を一通りマスターすると、次に目指すのは現場全体を取り仕切り、顧客の意向を汲み取って設計・工程・品質・予算の管理まで担当するプロジェクトリーダーです。この段階まで来ると、後進の指導や人材育成にも関わるようになります。

リーダーの主な仕事は、プロジェクトに関わる多くの関係者の意図や気持ちを汲んで全体を進めていくマネージメント業務です。ここで必要なのは多くの人と想いを一つにする姿勢で、周囲の人たちとは共通のパラダイムを持って接しなければいけません。

相手によって態度を変える人は信頼に値しないと思われるのは今も昔も同じです。ここでは『大学』に記された「明徳を明らかにせんとする者はまずその身を修めんとす、その身を修めんとする者はまずその心を正しうす」の原理原則を心に刻みます。人を変えるのではなくまず自分から変わる意識を持てば、多くの協力者があらわれ、大きなプロジェクトを成功に導くことができるでしょう。

●第4段階「格物致知を実践できる経営者」

最後の第4段階では経営者層に入って事業所全体の計画を立て、事業を推し進める立場に就きます。事業全体を取り仕切り、大きな責任を負う立場に就くことは、『大学』の言葉で言い換えると「君子への道を歩むが如し」となります。

その際に必要なのは〝格物致知《かくぶつちち》〟の精神です。格物致知とは「其の心を正しくせんと欲する者は、まず其の意を誠にす。其の意を誠にせんと欲する者は、まず其の知を致す。知を致すは物を格すに在り」という『大学』の一節から生まれた言葉で、その意味は「個々の事物についての道理を徹底的に究明し、その本質をよく理解して、自己の知識を極限にまで押し広めること。対象に向かう心の動きを正しくし、自然な心情、本来的な心の働きを十分に発揮すること」を指します。

たとえ予想もつかない時代の荒波に襲われても、格物致知の精神をもって事業に当たれば必ず危機を乗り越え、持続可能な事業モデルを構築できることを学びます。

以上、4つの成長段階は「職人見習い↓一人前の職人↓プロジェクトリーダー↓経営層」と十代の生徒にもわかりやすいステップを示しつつ、それぞれ『大学』に書かれているエッセンスを取り入れています。

順序立てて丁寧に説明したことで、15歳の彼は自身の成長に古典を活用することの意味を理解してくれたようでした。長期的な成長プロセスを実現するには、1万年前から大きく変わっていないと言われる人間の営みの基礎的な原理原則に立ち返ることが重要という事実に彼は納得して、熱心に実践に取り組んでくれています。

15歳の若者が漢文を日本語読みした『大学』を声に出して読んでみたところで、はじめは全く意味がわからないと思います。ただ、素読を繰り返しながら中身を身体に染み込ませていくことで、生きることの本質を捉えた〝本学〟を身に付けてもらえるはずだと私自身は確信しています。

学生に有言実行と継続性を植え付ける「アクションプラン」

この章の最後に改めて『論語』という書籍の意味について書きたいと思います。私は『論語』に書かれている内容こそ教育の根幹にあるものだと考えています。

私は長年、職人起業塾など全国で職人育成の研修事業を行ってきましたが、そこで教えてきたことは主に2つです。

1つは福沢諭吉の有名な一冊『学問のすすめ』に書かれている内容で、「万物の霊長たる人間なら額に汗して働き、家族を養い家を守り、将来に向けて蓄えを持つだけで満足するのではなく、今の豊かな生活の基礎を作ってくれた先人、先祖に感謝して、少しでも良い環境を次世代に継ぐ為に働くべきである」といった人生の目的論です。もうひとつは江戸時代、米沢藩を治めた名君・上杉鷹山公が遺した「伝国の辞」と「富民の思考に基づいた愛こそが経済の発展に寄与する」と語る経済学です。このどちらも孔子の教え子たちが著した『論語』の思想を根底の部分で受け継いでいます。

『論語』や『大学』をテキストにしていることで「戦前の帝国時代教育かよ！」と驚く人もいましたし、「右寄りだ」「反動的だ」と嫌悪感を示す人もいました。しかし明治から昭和にかけて日本をアジアで唯一、西欧列強の支配から逃れ、独立自尊を貫いた国にした原動力を探してみれば、間違いなく根底にこうした精神性があったからだと私は信じています。そして国家と企業、個人という違いはあれど、大手に負けずに職人が生きていくには、「己の独立自尊をいかにして守り続けるか？」という同じ命題に向き合わざるを得ないはずです。

「天は人の上に人を造らず人の下に人を造らず」と言えり――誰もが同じ重さの命を平等に与えられて生を受けた以上、私は未来の職人たちに、誰にも支配されることなく、自分の選択と判断の積み重ねで、誇りを持って自立した人生を送ってもらいたいと思います。

ただし、自分の頭で考え、常に問いを持ち、選択の自由を行使するには、自分なりの高潔な倫理観に加え、世のため人のため、未来に向けて多くの人と共有価値を創造する価値観を持たなければなりません。

さらにもうひとつ加えるなら、こうした学びは決して机上の空論であってはいけません。前にも書きましたが、私たちが、追求しているのは「社会に通用する実学」です。実際の生活や仕事に役に立たない学びには意味がありません。

マイスター高等学院の志・ビジネス教育で重視している過程には「アクションプランの策定」というものがあります。アクションプランとは目標を達成するためのプロセスを具体的なタスクに切り分け、リストアップして、それを自発的に実行していく行動計画のことを指します。

たとえば第1回目の研修で、私は学生に「今月は1日ひとついいことをしよう。たとえゴミを拾ったでもいい。お母さんの手伝いをしたでもいい。それを写真に撮って毎日グループチャットにアップしよう」と提案します。

提案した内容は些細なことかもしれませんが、大事なのは有言実行する姿勢と、それを継続することです。何かを継続すると、やっただけの成果は必ず得られます。

1ヶ月後、私は生徒たちの継続を讃え、1ヶ月続けたことで自分の何が変わったか質問します。まずは小さな成功体験からスタートし、それを継続することで1年間が過ぎた時、3年間の学生生活が終わった時、それは大きな違いへと変容しているはずです。実践に真摯に取り組む彼らには、目標を定め、それを実現するためにプランを構築する力と、毎日コツコツ継続することで目標に到達できる力の両方が備わるはずです。

かくいう私自身が学も金もコネもない徒手空拳での起業から25年間事業を継続し、現在4つの法人の代表を務められるようになったのも、すべて〝習慣の力〟を活用できたからに他なりません。授業では私の実体験も交えながら、学生たちに明るい将来を切り拓いていくイメージを持ってもらうよう心掛けています。

長い歴史に裏打ちされた古典を紐解き〝人の道〟を教え、それを実践できる行動力を身に付けてもらう。それこそがマイスター高等学院が理想とする、自分の頭で考えて、自分で行動できる自立した職人を生み出す最善の教育法だと私は考え、カリキュラムを組み立てました。

第3章

経営者へのメッセージ
何のために事業をするのか？

何よりも必要なのは経営者層の意識のアップデート

　これまで私たちがなぜマイスター高等学院を立ち上げ、その学校がどういうものであるか説明してきました。ここからはマイスター高等学院に関わるさまざまな人々に対して、私の想いを直接語りかけていきたいと思います。

　というのもビジネスと教育、両方の分野にまたがるマイスター高等学院は関わる関係者の種類も多く、それぞれが抱える課題を一挙に解決する仕組みを内包しています。ビジネスであれば経営者なのか従業員なのか、教育であればこれから社会に出ていこうとする子供なのか、子供にどんな教育を受けさせるべきか考えている親なのか、はたまた日本の教育はこれでいいのか疑問を持っている教育関係者なのか……関わり方は立場によって異なるでしょうが、マイスター高等学院はどんな方に対しても共通して課題解決の具体案を提示します。

　課題というのは多くの場合、それぞれ個別に解決を図ろうとするものですが、自分一人では解決できないレベルの課題というのも存在します。それはシステム自体が時代にそぐわないなど機能不全に陥っている場合で、そんな時は全体の構造や根本の考え方を変えることで、側溝に詰まった落ち葉が取り除かれたように一気に水が流れ出し、社会がいきいきと動き出すということが往々にして起こります。

マイスター高等学院は教育と社会をつなげる部分の構造を抜本的に変革することで多くの人が抱えた課題を同時に解決する試みですが、その課題の中身や着眼点は各々の立場で異なるため、ここからはそれぞれの視点に沿ってわかりやすく語っていこうと思います。

まず私が一番に語りかけたいのは会社の経営者層です。

社会課題に向き合い新たなプロジェクトをはじめようとする際、卵が先か、ニワトリが先か――つまりどこから手を付けるべきかという問題が発生します。マイスター高等学院に関しては、間違いなく最初に変わるべきは経営者層です。現在の経済中心の世界では、社会活動の中心を担い、日本経済の土台を支えている会社経営者たちが意識改革を行い、新しい時代に合ったビジネスモデル、新しい時代に適合した思考にアップデートすることが何よりも必要なことだと痛感しています。

では経営者がやらなければならないのは一体何なのでしょう？　それは「トランスフォーメーション」です。

ここでひとつ質問です。みなさん、自分の胸に手を当てて自身に問い直していただきたいのですが、自社が今のやり方、これまでの経営の延長線上のまま今後も持続的に運営していけると自信を持って言える方はどれくらいおられるでしょうか？　これから本格的に到来する人手不足のピンチを切り抜け、ＤＸやＡＩの台頭によるデジタルシフトの波を乗り越え、予期せぬ円安や紛争などグローバルに拡散する不確定リスクをかいくぐって、10年後、20年後、30年後も今のまま、これまで通りのやり方で、現在営んでいるビジネスを続けていけるとお考えでしょうか？

もし大丈夫と自信を持って言えるのであれば、その方に本書は不要です。しかし、もしもそうは思えないのであれば、ここで一度立ち止まって未来のことについて考えてみるのも一案だと思います。

ちなみに私が長年歩んできた建築業界に関しては、「今のやり方のままこの先もやっていける」とは口が裂けても言えない状況です。人口減少によって新しく建てる家の需要が減っているのはもちろん、職人の数も右肩下がり。１９８０年には90万人以上いた大工は２０２０年には30万人を切りました。3分の1ほど減ったのではなく、3分の1以下になったのです。このまま減少を続けると、２０３０年には大工という職種が絶滅してしまうのではないかという惨状です。人材がいない業界は必ず滅びます。大工が絶滅するということは日本に家を建てられる人がいなくなる、もしくは家屋の維持管理も災害復旧もできないということであり、それは建設業界のみの問題に留まらず、日本全体の安全保証に関わる喫緊かつ重大な問題にもつながっています。

どう考えても今までのやり方の延長線上では事業は続かない。この先の持続可能性などまったく考えられない――会社経営者の方々は、まずこうした厳しい現実から目を逸らすことなく向き合うべきだと思います。

時代が変わったのに会社の定義は変わらなくていいのか？

そもそも時代が変わっているのに会社の定義が変わらないことの危うさについて、もっと考えてみてもいいのではないでしょうか？

多くの方がお気付きの通り、時代は確実に、しかも大きく変化しています。代表的なものを挙げるなら、過度とも言えるほどのコンプライアンス重視に準じた社内ガバナンスが挙げられるでしょう。セクハラ、パワハラ、モラハラ、マタハラ……10年前には許されていたけど今は一発でアウトという事象が一つや二つではありません。企業におけるハラスメント事案が毎年爆発的に増え続けている事実がそれを物語っています。

だとしたら会社の定義も同じではないでしょうか。これまでは会社が貪欲に利益を追求することは当たり前であり、「会社＝金を稼ぐ組織」という定義でよかったのかもしれません。しかしこれからの時代、それで社会に受け入れられるでしょうか？

コンプライアンスに対する世間一般からの視線が厳しさを増し、学校でＳＤＧｓを学んだ学生が社会に出て来るようになりました。環境や人権についての意識が急速に高まっている時代、「自社さえよければいい」と考える利己的な会社に風当たりが強まっていくのは当たり前ではないでしょうか？

私はマイスター高等学院を運営する傍ら、現在も地域で実業を営んでいる経営者でもあります。時代の変化と会社の定義、存在意義の変更については、わかりやすいように私たちが自社で取り組んできた例をご紹介したいと思います。

２０２０年、私たちはそれまで運営してきた「有限会社　すみれ建築工房」の設立20周年を機に、社名を「株式会社　四方継」に変更しました。同時に企業ドメインも「建築に強みを持った暮らしのサポート企業」から「人とのご縁を紡ぎ、地域社会、地域経済を活性化する〝コミュニティモノづくり企業〟」に改めました。

社名を変更するというのはすごいリスクです。勇気と覚悟が必要です。それまで20年間使ってきた名前は私たちが創業以来守り続けたブランドであり、それを変えるというのは20年間積み重ねてきた努力を捨てるのと同じことです。

すっかり地域に認知され、多くのお客様に「すみれさん」との愛称で親しまれてきたのに、それを無にしようというのは経営者として愚の骨頂のように思われるでしょうし、実際多くの経営者仲間からは「気でも狂ったのか？」と心配されました。

「これまでのやり方では通用しないのでは……」という不安

しかし私たちはそれを断行しました。それはじっくり1年間かけてスタッフ全員で話し合い、ワークショップを繰り返した結果であり、事業所を誰もが働きたい仕事場に変容させるために必要なアウトプットだったからに他なりません。

私たちが最初に考えたのは、誰一人として取り残さない世界を目指すなら、まずは会社のスタッフが、信頼関係を構築したユーザーと共に楽しくやりがいを持って働ける環境を整えなければいけないということでした。そのためには、建築の需要が発生する以前から地域の人たちとの関係性を構築することが必要になります。

具体的には、私たちが「地域をよくする」という目的を持ってさまざまな活動を展開することで、地域の方々と信頼の絆で結ばれ、やがて私たちの提案に真摯に耳を傾けてくれる関係性を築けるのではないかと考えました。

それゆえ私たちは社名変更を機に、建築のみに限らず多様なニーズに応えられる事業所への変容を目指しました。この大胆な〝トランスフォーメーション〟を行うことで多くを失うことはわかっていました。しかし、私には20年間守ってきたものを惰性で継続するより、時代の変化に合わせて会社の業態を変化させること、常に本質を追い求め続けることの方が会社の在るべき姿だと思い、判断を下しました。

しかし考えてみると、会社の変化はそれ以前からはじまっていました。

大工集団としてスタートした私達は、当初は当然、モノづくりに軸足を置いていました。大手住宅メーカーの下請けからはじまり、元請けに転換して注文住宅、リフォーム、店舗工事を展開。当時の会社の使命はとにかく「最低のコストで最高のモノを作る」ことであり、私はひたすら建築の品質とコストの改善に没頭しました。まさに当時のすみれ建築工房は

〝職人集団〟という呼び方がふさわしい、典型的なモノづくり企業だったように思います。

そこから会社はまず1回目のトランスフォーメーションに向かいます。２００９年、「すべてのお客様に生活の安心・安全を」を合言葉に無料巡回メンテナンスサービスをスタート。２０１５年には「住環境に食、学びを通して日々の暮らしを豊かにしよう！」をコンセプトに「すみれ暮らしの学校」を開校します。地元の農家さんとコラボして農業を始め、継続的に畑でのイベントもスタートしました。

会社は引き続きモノ（＝家）を作ることを中心にしていましたが、次第に暮らし全般をサポートする総合生活サービス業にも事業を拡げていきました。お客様の家を作るだけでなく、お客様がその家で過ごす生活自体にも関わっていきたい――当時の企業ドメインが「建築に強みを持った暮らしのサポート企業」だったのは、そういう想いが存在したからです。「建築（＝家を作る）だけでは足りない。お客様の暮らしまでトータルに支えないと会社としての価値はない」という気持ちが私を事業転換に突き動かしていました。

しかし平成の終わりが近づいた頃、私の心には変化が起こりました。時代の大きな転換期が近づいているのを肌で感じ、「これから先、これまでのやり方の延長線上では通用しないのでは……」という不安を持つようになったのです。

人の潜在的な願望を突き詰めていくと社会課題の解決に行き着く

「よいモノを作るだけでは足りない」という想いから「建築、暮らしだけでも足りない」という焦燥へ……そう思うようになったのは、そこに至るまで道のりがあります。

私は持続可能な社会の構築を目指す「経営実践研究会」に入会したことで社会課題に向き合う大きなきっかけをもらいましたが、そこに出会う前の5年間、時代の変化についていくためUXデザインとデザイン思考を学ぶ「Xデザイン学校」というビジネススクールに通いました。UXデザインのUXとは〝ユーザー・エクスペリエンス〟の略で、顧客がまだ気付いていない課題を解決し、新しい体験をどのように設計するべきか、という思想や哲学を意味します。また、デザイン思考とはデザイナーの思考プロセスを用いて社会課題の解決策を見出したりイノベーションを推進したりする方法論を指します。

私は大工出身のため、まずモノづくりの技術を一生懸命磨き、その次の段階として、自分たちが生み出すプロダクトをいかに売っていくかというマーケティング思考を習得しました。しかし現在の商品やサービス開発のスタンダードであるUXデザインを学ぶと、「マーケティングを駆使して生涯顧客を囲い込むのではなく、本当に顧客が求めていて、まだ顕在化していない体験をこちらから提案することが重要なのだ」と教えられます。「顧客生涯価値（LTV／Life Time Value：顧客が自社と取引を開始して終わるまでの間に、顧客が自社にどれだけの利益をもたらすか）」の増大を目指すのではなく、顧客が欲している体験を設計して提案する？　しかもまだ顕在化していないものをカタチにして、ビジネスとして展開する？――その考え方、思想は私にはカルチャーショックでしたし、それまで私の中にあった思考や常識に180度の転換をもたらしました。

顧客が真に求めているものは何だろう？　顧客自身も気付いていないけど、彼らが心から欲しているものとは何だろう？　そもそも顧客とは一体誰だろう……？

それを考えていくと、自然と思考は「人の幸せとは一体何だろう？」というところに向かいます。人間の潜在的な願望や欲求、心の奥底で求めているものを突き詰めていくと、次第に地域に山積している社会課題というものが目に入ります。

たとえば地域の安心安全、各々が理想とする豊かな暮らしの実現、持続可能なインフラ保全、地域で暮らす子供たちの教育、学歴社会からドロップアウトしてしまった子供たちが再チャレンジできるシステム……。

これまで顧客から依頼された建物を作ることで事業を回してきましたが、じゃあ何のために家を作っているのかを突き詰めると、「地域の人に幸せを感じてほしい」「ご縁があった人たちが笑顔になってほしい」「少しでも地域社会がよくなってほしい」「持続可能な地域、社会を実現して少しでもよい環境を次世代に手渡したい」……という理想に行き着きます。それは究極的には「世界が平和であってほしい」というところに結び付きます。

私はさまざまな学びに接する中で、これまで自分が重要だと考えていた事業の目的が実は単なる手段にすぎなかったと考えるようになりました。私は「職人の社会的地位の向上」を志して起業しましたし、その実現のためにマーケティング理論を学びました。しかし本来目指すべき目的は地域貢献や社会課題の解決と、その先にある誰もが幸せを感じられる、生きるに値する社会の実現で、その目的を追求することが〝結果として〟自社の経済的利益につながり、職人の地位を向上させるという構造だったのです。

それはいわゆる「CSV経営（Creating Shared Value／共有価値の創造：社会課題解決型事業モデル）」という考え方に相当します。つまり、三方良しの経営です。私は会社の新たな定義に基づいて、次なる会社のカタチを模索するようになりました。

建築会社が新たにはじめた〝コミュニティ事業〟の中身とは？

これまで育ててきた「有限会社　すみれ建築工房」という看板を下ろして新たに名付けた「株式会社　四方継」という名前には、その言葉自体に会社がこれから進むべき道が示されています。

「売り手良し、買い手良し、世間良し」という〝三方良し〟に「未来良し」が加わった〝四方良し〟という概念がありますが、私たち四方継が提唱する〝四方良し〟は「作り手良し、住み手良し、協力会社良し、地域社会良し」も同時に目指しています。そしてそれらを取り囲むように、「人」「街」「暮らし」「文化」の4要素を継いでいきます。

私たちが掲げたビジョンは2つです。

・受け継がれる価値のある丁寧なものづくり。

・人を繋ぎ、ご縁を紡ぎ、いい街を継ぐ。

前者はこれまでやってきたのと同じモノづくりに対するコンセプトですが、社会課題の解消を目指してCSV経営に舵を切った2020年に後者が新たに加わりました。

「人を繋ぎ、ご縁を紡ぎ、いい街を継ぐ」とは具体的に何を意味するのでしょう？

それは四方継という会社の構造を説明すると理解してもらえると思います。

私たちは社名を四方継に変更する際、会社の業務内容、事業ドメインにもメスを入れ、生業を変えるといっても過言でないほどの再定義を行いました。簡潔に言えば、株式会社四方継の中に「つむぎ建築舎」と「つない堂」という2つのサービス体系を置いたのです。ビジョン前半の「受け継がれる価値のある丁寧なものづくり」を受け持つのがつむぎ建築舎で、ビジョン後半の「人を繋ぎ、ご縁を紡ぎ、いい街を継ぐ」を担当するのがつない堂ということになります。

つむぎ建築舎に関しては説明不要でしょう。自社の大工と設計士の技術と知識を活かし、国産の木材を使った丁寧な家づくりを提案するサービスで、これまで活動してきたすみれ建築工房の事業を継承するモノづくりセクションがここに当たります。

わかりづらいのはつない堂が行っている事業です。ここは一体何をする部署なのか？

つない堂はその名の通り、地域の人々をつないでいくコミュニティ事業を行っています。具体的に何をやっているかというと、四方継が拠点を構える神戸エリアで活動しておられる卓越した知見を持った専門家（プロフェッショナル）たちを地域住民の方々に紹介しています。地域の方々と地元の人的ネットワークを共有することにより、インターネット検索を必要としない安心な循環地域型社会のハブになろうとしているのです。

その地域ネットワークを作るため、実際に私たちがやっているのは、地域にお住まいの信頼できる「人」「事業所」「サービス」を発掘して、その人柄や仕事内容がわかる記事をホームページに掲載し、ニュースレターを配信することです。紹介するのはセラピストからパーソナルトレーナー、美容師、社労士、通訳、ヨガ講師、弁護士、焼鳥屋店長……など多士済々。現在は毎月2～3人にインタビューして、その内容をホームページとＹｏｕＴｕｂｅにアップしています。

また、そうした地域が抱える〝人財〟を紹介・共有するだけでなく、地域の方が気軽に集えるコワーキングスペースや全天候型バーベキューサイトを自社社屋内に用意しました。また、コミュニティメンバーのお店で使える物々交換券のような地域通貨を自社で発行して配布する実証実験も行っています。２０２４年4月からは子供たちが無料で勉強できる学習塾も運営し、経済格差から生まれる教育格差の是正に取り組んでいます。さらに、腸活セミナーや薬膳講座、木工教室、いちご狩りや天然麹を使った味噌作りワークショップなど、地域の方々とコラボレーションして、「暮らしを良くする」体験をデザインするイベントを毎月開催しています。

つまり、つない堂では地域の信頼できる人や企業、サービスを紹介しながら、人々が交流するきっかけや場づくりを行っているのです。

世の中がどれだけ変化しても信頼関係だけはなくならない

こうして書いていくと、みなさん当然疑問に思うのが「この事業はどこでマネタイズしているのか？」ということではないでしょうか。

人材バンクみたいなことをして紹介料を取っているのか？……そんなことは一切していません。専門家の紹介も仲介も無料です。数々の特典が付いた特別サービスを受けられる有料会員の方にはサブスクリプションとして月１０００円（税抜）を払っていただいていますが、提供する価値を最大限にするべく次々とサービスを拡充させ続けているので、大きく収益が上がるモデルにはなりえません。

ではどうしてこのような大して収益にならない事業を熱心に行っているのでしょう？

それはコミュニティ事業であるつない堂があることで、結果的に関わってくれた方がつむぎ建築舎を利用してくれる機会が増えるからです。お客様とのタッチポイントが増え、

「いつも四方継さんにはお世話になっているから」と思ってくれる人が増えることで、それが結果的に新築やリノベーションのオーダーにつながると信じているからです。

いわば地域課題に向き合うつない堂の活動は、つむぎ建築舎の広報部門を兼ねており、信頼を寄せてくださった方からの紹介やリピートの工事依頼が毎日のように入ります。ちなみに、つむぎ建築舎は10年以上前から広告代理店に宣伝費やプロモーション費用を一切払っていません。これを四方継全体で見れば、「つない堂で地域の社会課題を解決することにより、それがつむぎ建築舎に良好なフィードバックをもたらし、会社全体として利益を生む」というCSV経営のエコシステムとして成り立っていることになります。

私がこのビジネスモデルに確信を持つようになったのは、UXデザインを学んだこと、その後に経営実践研究会に入会し、ソーシャルビジネスの重要性と時代の要請に気付いたせいもありますが、そうした座学で学んだロジックとは別に、実体験でも社会課題の解決に取り組む価値を再確認する機会があったからです。

そのきっかけは新型コロナウイルスの流行でした。

私が社名を四方継に変え、企業ドメインを「地域経済を活性化するコミュニティモノづくり企業」に変更した1年後に世界をコロナウイルスが襲いました。それ以前まで会社では店舗建築・改装の仕事が売り上げの3分の1を占めていましたが、コロナ禍ですべてなくなってしまいました。このままコロナ禍の期間が延びれば売り上げは下がり続けて、会社は潰れてしまう……そんな会社の絶体絶命の大ピンチに救いの手を伸ばしてくれたのが地元の方々だったのです。1年前に本格的にコミュニティ事業をスタートさせ、地域の人たちと積極的に関わりを持ってきたことが結果的に会社を救ってくれました。新事業で接点を持った地域の人たちが私たちに住宅の新築やリノベーションの仕事を発注してくれました。地域のマンションのオーナー会社は「うちの大規模修繕をやってください」と相見積もりも取らずに声をかけてくださいました。「VUCA（ブーカ／変動性Valatility、不確実性Uncertainty、複雑性Complexity、曖昧性Ambiguityなど社会やビジネスの局面で未来の予測が難しくなる状況のこと）」という言葉が象徴するように、今は本当に何が起こるかわからない時代です。その最たるものがコロナ禍であり、世界中が戦争や紛争にまみれている現在の状況がまさにそれにあたるでしょう。私はコロナ禍を経験したことで、どんな状況に陥っても生き残ることができる、真に必要な価値について学べたように思います。

それはもちろん人と人との信頼関係です。企業ドメインの変更の際、スタッフとディスカッションを繰り返しましたが、その際にメンバーの理想の働き方を実現すべく紡ぎ出したインサイト（発見、洞察）である「信頼関係に基づいた仕事をするのであれば、建築の需要が生まれる以前から地域の人々と信頼関係で結ばれていないといけない」という仮説がまさにコロナ禍によって証明された格好になったのです。私はコロナ禍の経験を通して、地域のために活動する事業部を立ち上げたことでCSV経営の理論通りに共有価値を生み出せていたことを実感しました。

これから先もAIの台頭や近隣諸国での紛争、大きな自然災害など、私たちの想像もできないことがいくつも起こることでしょう。そんな状況でも地域の人たちと固い信頼関係を築き、相互扶助のコミュニティを形成していれば、きっと何らかの課題解決には関われるはずです。そして「これ手伝ってよ」「これお願いできるかな？」と声をかけられる機会が私たちの存在意義となり、事業を持続させていくエンジンになるはずです。

世の中がどれだけ変化しても、信頼という資産だけはなくならない。むしろこうした変化の激しい時代だからこそ、人と人の根本を結ぶ信頼関係の構築に全力を注ぐことがもっとも確実な企業の生き残りにつながるのではないか？……コロナ禍を経験したことで、その想いは私の中で確信に変わったのでした。

簡単ではないCSV経営を実践できるマイスター高等学院の構造

事業所とは社会の公器であり、事業本来の目的は世の中の課題や問題の解決に寄与して人々に喜ばれることです。これまでスタンダードだった事業の成長拡大、収益の増大ばかりに囚われる〝昭和・平成モデル〟から脱却し、本質に立ち返り、地域に根を張って地域貢献、社会貢献につながる事業を本業として取り組んでいかなければなりません。

そのためには会社自体の構造改革が必要です。地域の人に愛され、認知が広がり、紹介やリピートで必要な受注が得られるようになれば、販促や宣伝広告費に費用をかけなくても事業が継続できるようになります。非常に効果的で、外部環境の変化に強い事業モデルに成長するのです。もちろんそれは簡単なことではありません。私の意見に対し、「そんなのただの理想論だ」と反論される方もおられることでしょう。

社会課題の解決は確かに大事かもしれないけど、それに注力し過ぎてしまうと会社としての利益が失われてしまう。社会問題に取り組むことで将来的には地域住民から信頼を勝ち取れるかもしれないけど、それが利益を生むようになるまで会社をどうやって維持すればいいのか？　厳しい経営環境の中で短期的な収益に直接結びつかない社会課題への取り組みを進めるには一体どうしたらいいのか……？

マイスター高等学院に話を戻すと、今回のプロジェクトにおいてはそうした経営者の葛藤を軽減するシステムも併せて構築しています。企業が本当は取り組みたいと思いながら、なかなか一歩を踏み込めない社会課題解決への取り組み。これに躊躇してしまう一番の理由は、やはりお金の問題でしょう。95ページの図は、マイスター高等学院に関わる人や組織に関連するお金の流れをわかりやすく表示したものです。

仮にマイスター高等学院に参加した場合、企業が支払う費用は、この図においては入学する学生に対する給与（見習い社員という扱いになるため）と社員研修の位置付けの職人起業塾マイスター育成コースに対する年間66万円の2つになります。しかし後者の研修費用は国からの助成金（国土交通省が発行する雇用管理改善や人材育成に取り組む中小建設事業主に対する助成金）で支援されるので、実際はほとんど負担がかかりません。また、このOFF-JTの研修も自社内で行えるようになります。事業として学校の運営を行える構成になっています。

企業としては多額の費用をかけずに若手社員を育成できるし、国としても若い技術者が育つのは望ましいこと。もちろん学生は技術を習得できてうれしいわけで、まさに〝三方良し〟の構造がここにはできあがっています。

　また、前者の給与に関しても、会社は学生に対して給与を払うと同時に、学生からは学納金という形で会社にお金を払ってもらいます。これはＯＪＴ等の対価で、会社は給与を支払いながらも、一方では学校として多少なりとも授業料をもらえる仕組みになっており、トータルとして軽い負担で未経験の若者に対して基礎からしっかりと人材育成を行える仕組みになっています。

　ではそのしわ寄せが学生にいくのかといえばそうではなくて、学生はやはり就学支援という名目で国や自治体からお金

マイスター高等学院のスキーム

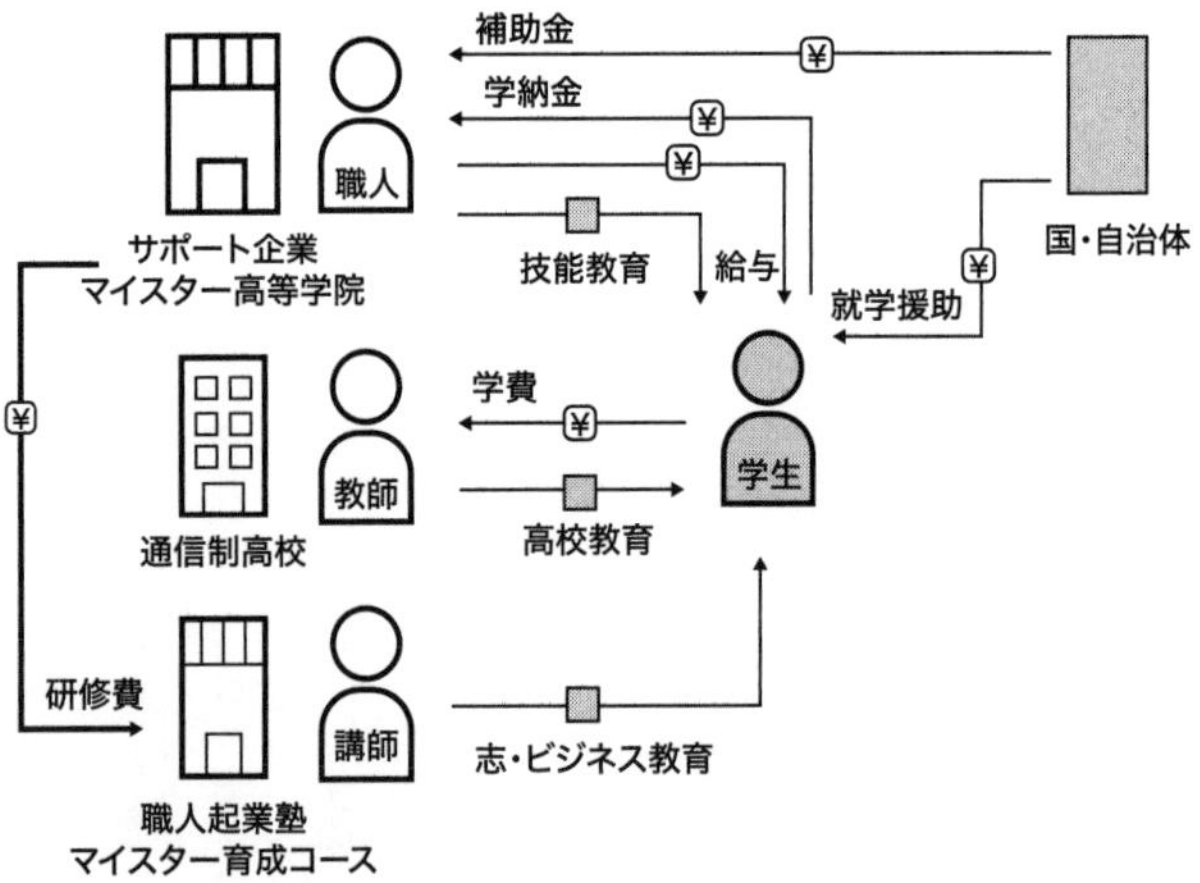

がもらえる仕組みがあります。若者が学校に通い、基礎的な能力を身に付けてから社会に飛び出すのは国としても喜ばしいことなので、国は金銭的な援助をしてくれるのです。

つまりここでも企業良し、国良し、学生良しの〝三方良し〟は成り立っていて、企業はローリスクで社会問題の解決と自社の利益の追求に臨むことができる環境が用意されているのです。少し複雑なスキームになっておりますが、できる限り全員の負担を軽減し、持続可能なモデルを練り上げました。

すべての企業活動の源泉は「まずはじめに想いありき」では？

新たに取り組むビジネスモデル転換に関しては、常に卵が先かニワトリが先か、収益の追求が先か提供価値の追求が先かという問題が浮上します。しかし、本当に大事なのは一体何なのか、目指すべき世界はどのようなものかを冷静に考えれば自ずと答えは見えてくるのではないでしょうか。すべての企業が未来に対するアプローチを先送りにして、目先の利益ばかりに囚われる刹那主義に傾いてしまえば、社会課題は増加の一途を辿り、暗黒の世界＝ディストピアを引き寄せてしまうのは目に見えています。

この難解に思える問いに対して、ランチに立ち寄ったとあるラーメン店で気付きがありました。京都にあるそのお店はとことん煮込んだ濃厚なスープにこだわった人気店で、お昼時は常に行列ができるほど活況を呈しています。私はおいしいラーメンを食べて満足して店を出ましたが、帰り際に心に残ったのは店員さんの丁寧極まりない接客でした。最近はセルフサービスにする店が多い中、この店では店員さんが忙しい中でも笑顔で水を注いで回り、退店する際はドアマンよろしく扉を開けて外まで見送って頭を下げてくれるのです。おもてなしの心がひしひしと伝わる接客でした。退店後、私の頭に浮かんだのは「このお店は人気店で利益が上がっているから時間と手間をかけた接客ができるのだろうか？それともおもてなしがしっかりしているから人気店になったのだろうか？」という問いでした。真の答えは分かりませんが、店主、スタッフのお客さんを喜ばせたいという気持ちがラーメンの味わいや接客態度に表れているのは明らかでした。

そう考えると、やはり卵が先かニワトリが先かというパラドックスの答えは、「まずはじめに想いありき」なのではないでしょうか。

世の中を少しでも良くして次世代に手渡したい、来てくれたお客さんに幸せな気分で帰ってほしい、誰かに喜んでもらいたい、困っている誰かを助けたい——そんな誰しもが持っている良き心を行動に表すことから、世の中の課題は少しずつ解決に向かっていくのだと思います。おまえは甘いと言われるかもしれませんが、私は本質的に人というのは自分だけ良ければそれでいいと思うような利己的な生き物ではないと心から信じています。

であるならば、生まれる前で何も考えていない卵には〝想い〟がないわけで、大人であるニワトリこそ意を決して物事に取り組むべきとの結論に辿り着きます。

アメリカ発のプレゼンテーションイベント「ＴＥＤ」で世界にその名をとどろかせたサイモン・シネックは「何のために？＝ＷＨＹから始めよ」というプレゼンテーションの中で「ゴールデンサークル」という概念を提唱しました。

彼はビジネスの局面では、まず最初に「ＷＨＹ（なぜそれをやるのか？）」という目的を伝え、その次に「ＨＯＷ（どのようにそれをやるのか？）」を伝え、最後に「ＷＨＡＴ（何をするのか？）」を伝えることで多くの人から共感を得て成功につながるのだと説きました。優れた企業や人物はＨＯＷやＷＨＡＴではなく、ＷＨＹを起点に行動を組み立てるとするなら、やはりすべての企業活動の源泉は想いであり目的意識なのでしょう。これはマイスター高等学院の授業の中でも繰り返し学生に伝えていることです。

確かに事業を継続するために目先の収益は大事です。しかし収益自体が目的でいいのでしょうか？　あなたが人生を懸けて取り組んでいる事業の本当の目的は何なのでしょう？

私は多くの事業者がほんの少しずつでも世の中を良くしたいとの想いを持ち、行動に移すことを望んでいます。

最後にもう一度書きます。

まず最初に変わらなければいけないのは国でも社会でも若者でもありません。日本の企業の99．7％を占め、この国の根底の部分を支えている地域企業の経営者のマインドこそ真っ先に変わらなければならないものだと私は確信しています。

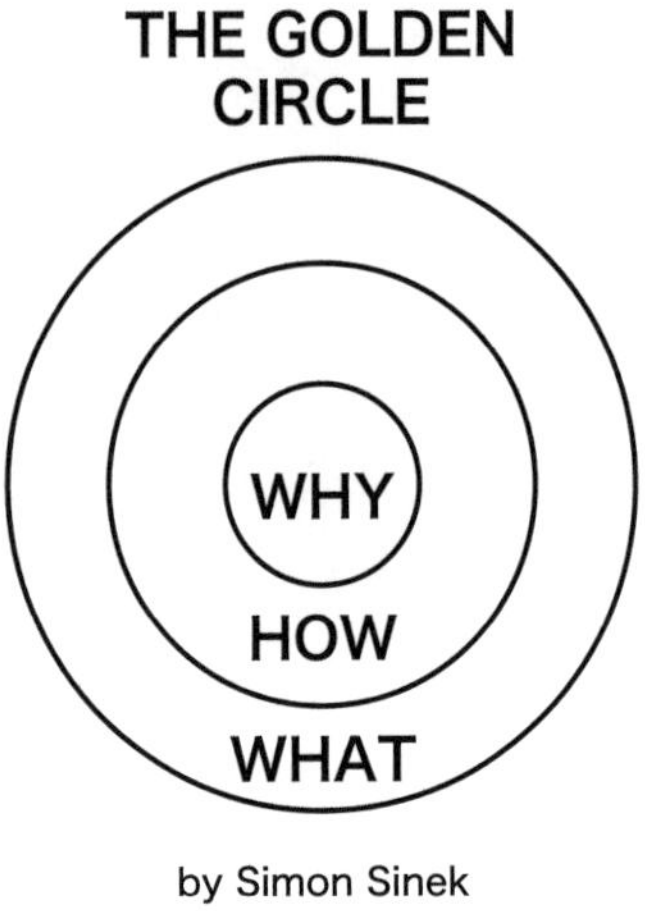

第4章

十代の若者たちへのメッセージ
君たちはどう生きるか?

高校に進学する意味がわからない君たちのために

この章で私が話をしたいのは、今まさに将来の進路に迷っている十代のみなさんです。

みなさんの前には、これからどうにでも歩いていける広大な世界が広がっています。何をやってもいいし、どんなものにでもなれる。何ができるかわからず、無限の可能性に満ちている――それは年齢を重ねた人間にとってまばゆいばかりの環境で、正直羨ましい限りです。

しかしその一方で自分が十代だった頃のことを考えると、希望よりも不安でいっぱいだったことを思い出します。特に私の場合、学歴社会からドロップアウトしたこともあり、将来を考えずに自由気ままな暮らしをしたツケも溜まって、飯を食うにも困るほどの困窮生活も経験しました。若い人たちに「青春ってそんなに楽しいことばかりじゃないよ」と注意を促したくなる気持ちもあります。

みなさんの場合はどうでしょう。今あなたが見ている未来は明るいでしょうか、不安でしょうか？　それとも未来のことなんかどうでもよくて、ただ「今が楽しければそれでいい」という気持ちでしょうか？

そんなみなさんに、まずマイスター高等学院のパンフレットに掲載した文章を読んでいただきたいと思います。ここには私たちがこの学校をどうして立ち上げたのか、これからこの場所で一緒に勉強していく若者に向けて大事なメッセージを記しました。

誰もが持つ才能を開花させる学校があります

学校が苦手、勉強が得意じゃない、テストの点が振るわない。「私なんか……」と自信をなくしていませんか？

でも、大丈夫です。

社会に出ると、テストの点数なんか関係なく大きな活躍ができる場所がいくらでもあります。そして、人が誰しも持っている才能を開花させることで多くの人から信頼を得て、未来に希望を持って豊かに暮らすことができる、そんな生き方があります。

その一つが、マイスター（職人）です。

マイスター高等学院では社会に出て大きな活躍ができるための実践的な教育を受けられます。知識だけでもなく、技術だけでもない。社会人としてもっとも求められるのは「志と人間力」です。それは学べば必ず身に付けられるあなたの才能です。

今まで使ってこなかったあなたの才能を活かして、多くの人に認められ、喜ばれる仕事ができる、そんな日本のモノづくりの未来を担う人材は貴重です。

マイスター（職人）へのエリートコースで楽しく、喜ばれる生き方を目指してみませんか？

マイスター高等学院は日本を守る人材育成の場

「学校に行く意味がまったくわからん」

私が高校を中退した時の理由です。17歳で社会に飛び出し、様々な職業を転々とした私が辿り着いたのは職人の世界。そこには学歴なんて関係なく、活躍できる場がありました。地震や台風による自然災害が起きるたびに多くの人に感謝され、家やお店を作るとお施主様から喜ばれました。そして一生懸命働いていたら次から次へと仕事が舞い込むようになり、いつしかまともな暮らしができるようになりました。

ただ、大工としてのキャリアを積むために資格試験を受験する際、基礎学力を身に付けていないのは大変で、その時になってやっと、もう少し学校に通っていたらよかったと思ったものです。

それなら社会に出た時に役に立つ、意味ある学校を作ったらどうか？

それが私の長年抱えていた問いです。

そこで、生き甲斐と未来に希望を持って働けるための学校を作りました。正しいと思うことを行える。現場でモノづくりができる。それだけで実はものすごい才能です。日本の未来を支えるマイスターとしての生き方をここで学んでみませんか？

きっと、自分に合った生き方を見つけることができると思います。

私がみなさんに伝えたいことはまさにこの文章に込められていますが、今回はせっかくなのでもう少し詳しくお話ししたいと思います。そんな偉そうなことを言っているおまえは一体誰なんだ？——そんな疑問に答えるため、まずは私自身が辿ってきた道筋について簡単に綴りたいと思います。

高校1年生でドロップアウト、それからは放浪の日々

私は子供の頃から父親に、

「男は身体だけ丈夫なら将来はなんとでもなる。別に勉強なんか一生懸命やることはない」

と言われ続けて育ちました。ヤンチャな少年だった私はその言葉を鵜呑みにして、学校の授業にまったく興味を示さず、テスト勉強など一切しない中学時代を過ごしました。悪さもかなりしたし、多くの方に迷惑をかけました。私の中学時代は、とにかく友人と遊び回るばかりで、毎日ひたすら楽しく過ごしていただけでした。そんな私でも中学卒業の際は、先生の勧めもあり一応（なかば冷やかしで）高校を受験しました。まぐれなのか神様のいたずらか入試に合格してしまい、普通科の高校に進学することになりました。

しかし、あまり勉強には興味がなく、高校に行きたくて進学したわけではありません。

「こんな勉強をして将来何の役に立つんだろう？」

「なんで高校に行くんか、まったく意味が分からん」

「意味がないことを延々とやり続けるのは苦痛でしかないわ」

苦痛を我慢して高校に残ったところで、ロクな大学に行けるわけではありません。高校

卒業後に就職を選んだとしても、先輩の就職先一覧を見ると行きたいと思う会社は１つもありませんでした。高卒なのでどこも給料は安いし、自分には夢も魅力もない絶望的な未来しかないように思えました。

結局、私は高校に通い続ける意味を見出せず、1年生の時に退学届を出しました。学校を辞めて何をやるか決めていたわけではありません。行ってもしょうがないから行かない。あとは広い世界を自由に見てみたい。ただそれだけで学校を辞めました。

17歳で社会に飛び出した私は、あてもなくさまざまな職を転々としました。

一番最初に就職したのは、高校に入ってすぐアルバイトとして働いていたラーメン屋でした。学歴社会から零れ落ちた人間が就ける職業は限られ、選り好みできるような余地はありませんでした。アルバイトから店長に昇格した私の労働時間は、朝の10時から夜の10時までの1日12時間。ラーメンを作ることからパートのおばちゃんの面接や給与計算まで店の切り盛りをして月給14万円……「これはないわ」と思って半年ほどでその店を離れました。

それからしばらくは全国をふらふら放浪しながら働きました。信州の山奥で働いたり、北海道の自動車整備工場に潜り込んで働いたり。当時はとにかくお金がなく、ロクにご飯も食べられなかったので、お好み焼き屋に飛び込んで「店の溜まった皿洗いをするので、晩ご飯食べさせてください！」とお願いしたこともありました。

その後、故郷の神戸に戻ってからは、とにかく金を稼ごうと当時もっとも過酷な職業と言われていた佐川急便の夜勤をやることにしました。夕方5時から翌朝10時まで、ひたすら大型トラックの荷台から荷物を降ろす地獄のアルバイトを半年間耐え切った後、セールスドライバーとして正社員になり、二十歳を過ぎた頃には年収１０００万円近く稼げるようになりました。金を稼ぎたいと面接を受け、採用されても百人中百人が夜勤で辞める、ドライバーはもっと厳しくバケモンしか続かないと言われていた佐川急便の仕事は超ハードでしたが、ノルマを達成すれば評価され、高収入が維持できるという職場にはウソがなく、私はそれなりに納得して必死に働きました。

佐川急便の試練に耐えられたおかげで、とりあえず不自由なく暮らせるだけの金は稼げるようになりました。しかし、私は満ち足りた気持ちで働いていたわけではありませんでした。むしろ過酷な肉体労働で身体を壊し、次々に退職していく先輩たちをずっと見ていたので、将来への不安を常に抱えていました。今は若いから身体も元気で働けるけど、齢をとって動けなくなったらどうなるんだろう？　いずれ自分も身体を壊してこの職場から去って行くのは目に見えている。こんな仕事はずっとはできない……。「男は身体だけ丈夫なら将来はなんとでもなる。別に勉強なんか一生懸命やることはない」

父の言ったことは確かに間違っていませんでした。しかし、「身体が丈夫ならなんとでもなる」という状態は、逆の見方をすれば「身体が丈夫じゃなくなったらどうにもならない」と言っているのと同じです。

結局、私は5年間佐川急便で働きました。その間、どうやってこの不安から抜け出せばいいのか、金に縛られることなく自由に、安心して生きるにはどうすればいいのかをずっと模索し続けていました。

こんな俺でも人に喜んでもらえる仕事があるのか！

私が大工になるため技術を身に付けようと一念発起したのは25歳の時です。決して早いわけではなく、職人の世界ではむしろ遅いと言っていい年齢です。

まずは大工見習いとして働き出し、31歳の時に個人事業主の大工職人として独立。一緒に働きたいと集まってきた若衆と共に大工集団「高橋組」を設立、それが現在の株式会社四方継の原型です。私が大工という職業を選んだのは当然、中卒という学歴で採用される職業の選択の自由が狭かったという理由もあります。私は高校を辞めて以来、全国を放浪しながら自分探しに明け暮れましたが、その2年間で中卒の学歴で採用される職種は非常に限られていることを痛感していました。しかし、私が大工の道を選択したのは消去法ではありません。私は子供の頃から大工という職業にぼんやりと憧れていたのです。

世界に誇る日本の木造建築の技術。それを身に付けるのに学歴は関係ありません。私のように学のない人間にも門戸は開かれていました。また、腕に技をつけて一人前になれば、誰に指図されることもなく、誇りを持って自由に働けるようになることも魅力でした。

しかもかつての大工は一人前になれば結構稼ぐことのできる職業でした。たとえ最初の数年間は修業のため収入が微々たるものであっても、一度技術を身に付けてしまえば後でいくらでも挽回できます。「自由で、しかも安定した未来を築くことができるなら、修業の期間くらい全然我慢できる」と考えた私は、年収1000万円ほど稼いでいたセールスドライバーの仕事を辞め、日当7000円の大工見習いに転身しました。実際に大工の世界に入ってみると、そこは外から見ていたよりもずっと居心地のいい業界でした。

そもそもモノを作るという行為は面白く、ゼロからイチを立ち上げる過程は技術を学べば学ぶほど視界が変わっていくような奥深さがありました。作る建物は場所も中身も毎回異なるので、あちこちの現場に行ってその土地のおいしい喫茶店や定食屋を巡ったりするのも飽き性の私には合っていました。それよりも私が驚いたのは、この仕事が「大工さん、ありがとう」とお客様に喜んでもらえる仕事だったことです。見習い期間に出会った先輩には、飲む打つ買うの三拍子揃った、言葉を選ばずに言えばクズのような人もいましたが、そんな人でさえ「大工さん、大工さん」と持ち上げられ、「おかげで私たちの家ができました。ありがとうございました」と感謝の言葉をもらえるのです。

ラーメン店でも佐川急便でもそれなりにお客様に喜んでもらうことはありましたが、大工の先輩たちはまったく違うレベルでお客様に感謝され、むしろリスペクトされていました。私にとって「学歴社会からドロップアウトしてもこんなに人に喜んでもらえ、尊敬される仕事があるのか！」という驚きは衝撃以外の何物でもありませんでした。

さらに1995年に阪神・淡路大震災に遭遇したことも、私の中で大工の仕事に対する意識を大きく変えました。

地震が起こったのは、私がまだ一人前の大工として独立する前の、一人の職人として働いていた時でした。私はまるで空襲でも受けたかのような焼け野原になった地元神戸の復興にひたすら走り回りました。毎日がれきの撤去やブルーシート張りに奔走し、傾いた家を修復して回りました。私は震災が起こった1月17日から1年以上、1日も休むことなく働き続けました。

その時期は肉体的には大変でしたが、気持ちが折れることはありませんでした。それよりもこの時期、私は自分が大工であることの誇りを自覚し、今後もこの道を進んでいく決意を固めたような気がします。

なぜなら私たち職人がいなければ街は復興できないからです。これまで学歴社会からドロップアウトし、一時は浮草のような生活をしてきたけど、今自分は地元の役に立っている。現場できつい仕事ができるだけでそれは才能なんだ。その選ばれた人たちによって行われる建築・建設の仕事は人々の生活を根本のところで支えているんだ——それは私に大きな自己肯定感を与え、今の私の原型を形作ったと思います。

自分なりの生き方を選ぶための、もうひとつの選択肢

こうして自分の職歴を改めて振り返ってみると、世間一般の人たちとの大きな違いに気

付きます。それは中学生の後半から高校生、そして多くの人が挑戦する大学受験までの、いわゆる受験勉強にまったく時間を割いていないことです。人はみな1日24時間という同じ量の時間が与えられており、それをどのように配分するかが人生だと言えます。そう考えると私がテストでいい点を取るための勉強を一切せず、気ままに遊んだり、本を読んだり、放浪したり、悪さをして人様に迷惑をかけたことも含め、社会で経験を積み重ねてきたことは、その後の人生を支える貴重な財産になりました。

実社会において国語や数学の基礎的な能力が必要なのは当たり前ですが、受験のためだけの勉強に意味がないことは今や誰もが知っていることです。たとえ難しい事柄を暗記していたとしても、今は誰もがインターネットでモノを調べられる時代、それが一体何の役に立つでしょう?

そんなことに時間を割くよりも、好きなことを本や実体験から学び、仲間を作り、自分の頭で物事を考え、自分で工夫して悩みながらも楽しい時間を過ごす方が、よっぽど社会に出た時に役に立ちます。私自身の経験で言えば、高校・大学に通っていないことで困った記憶は、建築士の資格取得の際に因数分解が分からず、中学校の数学を学び直したことくらいです。もちろんすべてが無駄なわけではありませんが、学校の勉強より実社会での学びの方が有効だということは確信を持って言い切れます。

ここで話をマイスター高等学院に戻します。

マイスター高等学院の入試に必要なのは面談と作文だけです。中学時代の成績や内申書、テストの点数などは一切関係ありません。面談の中で「モノづくりの世界で活躍したい」という意志が確認できるか、自分で決めたことに誠実に向き合って継続的に実行できるか、そもそも人生に対して前向きにやる気を抱いているか——その程度しか合否のための判断材料は求めていません。

学校では3年間、現場に出て実践的な技術を身に付けながら、主体性や習慣化、コミュニケーション、そして志を立て、目的意識を明確にする社会人が受講するビジネススクールと同じ研修内容を学びます。実務と平行して通信制高校にも通うため、高校卒業資格も取得できますが、あくまで教育の中心は社会に出て活躍するための力を養うことです。

私はこのマイスター高等学院のカリキュラムを、私自身の十代の頃に照らし合わせて構築しました。自分自身が高校年代、どんなことを学びたかったか？　また、今の年齢から当時を振り返った時、どんな能力を身に付けていたらその後の人生に役に立ったか？

もっと生きやすくなったのか？——私が意識したのは、そんなことばかりです。

まわりの人たちと一緒に全日制高校に進むのもいいですが、進路を考える際に社会で活躍できる教育を受けられる選択肢があることを知っていれば、自分なりの生き方を選ぶことが可能になります。私のように学校の勉強が苦手な人なら、価値があるかどうかもわからない受験勉強に割く時間をもっと有意義なことに振り替えられます。

青春の時期は人生で一度しかありません。私はみなさんが勉強以外のことにもチャレンジして、その一度しかない輝かしい日々をとことん謳歌してほしいと思っています。

マイスター高等学院に通う生徒たちのナマの声

この章では最後にマイスター高等学院に通う生徒たちの言葉を紹介したいと思います。登場してもらうのは、今年に入学した1年生の松下凜太郎くんと、今年度に2年生となった奥谷優太くんの2人です。松下くんは前日に入学式をして、この日初めての研修授業を受けたばかり。本当に入学ホヤホヤの状態でした。

2人はどんな理由でこの学校を選んだのか？　実際に入学して何を感じたのか？

もしかしたらみなさんの先輩になるかもしれない2人のナマの声は、きっとみなさんが将来の進路について考える際の参考になると思います。

■松下凜太郎くん（15歳）

僕はもともとは中学を卒業して働く予定でいたんです。でも親に「高校くらいは卒業してくれ」と言われて。マイスター高等学院は高卒の資格を取りながら仕事もできるのがいいなって思いました。

最初は知り合いの現場仕事をやらせてもらおうと思ってました。働こうと思ったのは、勉強が好きじゃなかったからです。特に苦手だったのは数学。中学自体は嫌いじゃなかったけど、勉強が嫌いで、それだったらお金を稼ぎたいと思って。でも親に言われたので、やっぱり高卒の資格は取っといた方がいいのかなと思い直しました。

僕が通うのはマイスター高等学院の箕面（株式会社　ホクト住建が運営）です。親が「こういう学校があるよ」と紹介してくれました。最初に話を聞いた時、この高校ならやっていけそうだって思いました。ここだったらお金も稼げるし、勉強する時間も少なそうだから、やっていけるんじゃないかって思ったんです。

面談の時に聞いたのは……最初は見習いから入って、頑張ればリーダーになれる勉強や技術が身に付けられるって話でした。大工みたいなことは全然やったことないけど、それを聞いて結構いいなって思いました。

今日初めて授業を受けて……全然新しいと思いました。今まで学校で学んでないことばかりでした。箕面校の先輩たちとは1～2回顔を合わせましたけど、みんな優しそうな感じで若い人も多かったです。明日からは実技に入りますけど、それも楽しみです。

これから、ここでやっていけそうだと思います。将来は生活が安定して、自分の好きなものが買えるくらいにはなりたいです。マイスター高等学院は安定した給料がもらえるのも魅力的だと思いました。

■奥谷優太くん（16歳）

僕がマイスター高等学院のことを知ったのは中3の時です。お父さんが「マイスター高等学院っていう学校があって、大工になりたいならここが一番いい」って教えてくれて。

それで面接を受けてみたらここがいいなって思って、それで入ることにしました。

大工になりたいと思ったのは、お父さんが「つむぎ建築舎（株式会社　四方継の建築部門）」で働いていて、お父さんもおじいちゃんも大工だったからです。大工への憧れは、お父さんやおじいちゃんのイメージが強いかもしれないです。小さい時から現場にも連れて行ってもらったし、つむぎ建築舎のイベントの木工教室にも行っていろいろ作ったりして、自分でもやってみたいって思うようになりました。だから（四方継の社長である）高橋さんのことは生まれた時から知ってて。その時はちょっと怖いなって感じでした（笑）。

進路を決める時は将来についてはそこまではっきり考えてなくて。最初はみんなが行くから、普通に高校に行こうとしてたんです。将来は大工になりたいとは思ってたけど、まだあんまり具体的じゃないというか、ちょっとモヤモヤしてたような感じで。でも高校卒業してから大工の道に進むのは遅いっていうのも感じてて、だけどみんなは高校に行くみたいだし、どうしようかな……って。

最終的にマイスター高等学院に決めたのは、現場でしっかり技術を学べると知ったからです。あと技術だけじゃなくて、普通の授業もあるし、高卒の資格も取得できる。大工になるには一番いいと思ったから、一度行くことに決めていた普通科の高校をやめて、こっちに入ることにしました。

僕はこの春から2年生になるんですけど、去年1年間は現場に出て、大工に必要な技術やコミュニケーション、マナーを学びました。あと座学では『大学』を使って勉強しました。大変だったのは、現場がある時と高校の資格を取るためのレポートがかぶった時です。あとは、テストのための勉強をやらなければいけなかったり。そういう仕事や勉強が重なった時は大変だなって思いました。

大工の作業は面白いし楽しいです。大変なのは、最初は力が全然ないこと。だから荷物を持ったりするのが大変でした。

勉強で印象に残ってるのは、『大学』では明徳を積むために日々の生活の中でやることを探して、実践しないといけないことです。1年間学んで、社会生活に関してはいろいろ身に付いたと思います。今はトングを毎日持ち歩いてゴミ拾いしてるし、電車で席を譲ったりするようにもなりました。

1年間マイスター高等学院で勉強したことで、自分の成長を感じます。最初の頃より力が付きましたし、大工の技術も結構わかってきました。精神的にも大人になったというか。

あんまり姉弟ゲンカをしなくなったんです。2つ上にお姉ちゃんがいて、看護の学校に行ってるんですけど、余計なことを言われても無視できるようになりました（笑）。

1年生の松下さんと会ったのは今日が初めてです。後輩が入ってきたのはうれしいですね。僕はこれから2年目を迎えますすけど、まだまだわからないことがいっぱいあるので今年も現場で教えてもらいます。座学では使う教科書が『大学』から『論語』に変わります。でも『大学』の復習も続けていきます。

将来はまわりの人といい信頼関係を築けて、居心地がいい生活をしたいです。大工としては何でもできる人になりたいです。どんなことを聞かれても大丈夫だし、まわりの人にも教えてあげられる。マイスター高等学院で勉強していけば、きっとそんな大人になれるだろうと思ってます。

マイスター高等学院に通う松下凜太郎くん（左・1年生）と
奥谷優太くん（右・2年生）

第5章

子を持つ親たちへのメッセージ

わが子に必要なものは何でしょう？

自分の子供にどんな能力を身に付けてほしいと考えるか？

私が次にお話ししたいのは、これから社会に出ていこうとする子供を持たれている親御さんです。

教育について考えると、過去と現在では大きく様相が異なっていることに気付きます。日本では長い間、受験戦争という言葉に代表されるように、とにかくいい学校に進み、いい会社に就職することが人生の成功者であるように思われてきました。しかし近年はたとえいい大学を出ても社会に適応できない〝高学歴ニート〟の問題などもあり、はたしてそれでいいのか、学校の勉強だけでいいのかという問いが生まれるようになりました。そして現在は文部科学省旗振りの下、「生きる力」の醸成が求められています。

実際、みなさんは自分の大切なお子さんに何を望むでしょうか？　どんな能力を身に付けてほしいとお考えでしょうか？

やっぱり真面目に勉強して少しでも偏差値の高い学校に進学してほしいと思うのか、それとも勉強はいいから友達をたくさん作って〝コミュ力〟を伸ばしてほしいと思うのか、もしくはこれからの世の中は日本国内に留まっていてはダメだ、世界をフィールドに戦うためとにかく語学力を磨いた方がいいと思うのか……それは十人十色で千差万別、親の数だけ答えがあることでしょう。

その一方で〝発達障害〟という言葉が定着したように、「わが子はまわりの子と違うんじゃないか？」という不安を抱えておられる親御さんも増えています。自閉症、アスペルガー症候群、注意欠如・多動性障害、学習障害……高度に管理化された今の教育現場では少しでも型にはまらない個性を持っていると、社会システムから隔絶されてしてしまう可能性があります。その結果として学校に行けない／学校に行かない状況に陥り、不登校になってしまう子供が爆発的に増えています。２０２３年に発表された統計では小中学校で30万人近くの児童が不登校とカウントされています。

そして今、ＶＵＣＡと呼ばれる不安定極まりない時代になりました。社会自体がどう変化していくかわからない中で、自分の子供にどういう教育を受けさせればいいのか迷っておられる親御さんは相当数おられると思います。

私は普段、地域コミュニティ事業と建築事業を行う事業所の代表を務めていますが、実践的技能を身に付けられる専修高校の運営も同時に行っていることもあり、最近は地元兵庫県の中学校で開催される「職業体験ウィーク」の体験授業の講師を務めたり、事業所が地域の中学生をインターンシップで受け入れる「トライやる・ウィーク」に参加したりして、中学生と触れ合う機会が増えてきました。

２０２３年度は兵庫県下の30以上の中学校で〝四方蟻継《しほうありつぎ》〟と呼ばれる日本の伝統的な木と木のつなぎ方を、ノコギリとノミを使って再現してもらう木工ワークショップを行いました。実技と同時に〝儲〟という漢字を分解してもらい、「儲＝信じられる者。では信頼に値する人とはどんな人でしょう？」という問いに答えてもらうディスカッションも行っています。

マイスター高等学院が行っている出張授業では、社会で活躍するにはテストの点がよいとか、いい学校を卒業するより、人としての在り方を見つめ、多くの人から信頼を勝ち取れる人になるべきだというキャリア論を展開し、学歴と関係なく活躍できる職人というフィールドがあることを伝えているのです。

発達障害と呼ばれる子供でも十分職人としてやっていける

その出張授業の際、事前には聞いていなかったのですが、受講した生徒の中に特別支援学級の生徒がいたようでした。ワークショップが終わった後、私は先生から「大変でしたか？」という質問を受けました。最初は何を言っているか意味がわからず曖昧な返事を返してしまいましたが、意味を理解した後で「別に大変なことは何もなかったです。みんな熱心に取り組んでくれましたよ」と答えました。

実際、背の高い一人の少年が特別支援学級の生徒だったと聞いても、私には彼が特別な支援を必要としている生徒には思えませんでした。仮に彼がもし大工として働きたいと会社に面接にやってきたら、普通に採用するであろうコミュニケーション能力も備えていました。

現在、発達障害と呼ばれる子供が激増していると聞きます。発達障害という言葉自体、私が子供の頃にはなかったし、理解に苦しむ区分です。しかし現実には、知能指数が低く、障害者手帳を保有する児童は全体の2％、障害者認定はされていないものの平均的な知能指数に届かない児童は16％に上るという統計が出ています。

最近、そうした子供たちが発達障害というくくりで区別された環境で授業を受けたり、通常のクラスについていけなくて不登校になったりしているというニュースを散見します。コミュニケーションや学習能力の点で些細な違いがあるだけなのに、〝普通の生徒〟

と〝発達障害の生徒〟の間に大きな溝を作ろうとすることに私は強い違和感を感じます。

「たまに出張授業に行ったくらいで学校教育の何が分かるのか?」という意見もあるでしょうし、私自身も教育者としてはまだ駆け出しで、素人に毛が生えた程度なのはよく自覚しています。

それでも私は20年以上、職人育成の現場で若者たちを教えてきました。経験の蓄積を持っています。その経験から導き出されたのは、「人は誰でも必ず何かの才能を持っている」というタレンティズム(才能主義)です。たとえ学校になじめなくても、少々の悪さをしても、はじめは何もできなくても、人は何かしら秀でたモノを持っています。これは断言できますし、私たちマイスター高等学院の教育理念の根幹でもあります。

私はこの時の中学校への出張授業で深い気付きを得ました。メディアの中でしか知ることのなかった発達障害児と実際に触れ合ったことで、普段は一般の生徒と区別されている児童でも、職人としてやっていける可能性が十分にあるということが認識できたのです。

発達障害のお子さんをお持ちの親御さんにとって、わが子の将来というのは非常に心配なものではないでしょうか。周囲と同じ授業を受けられないのに、社会に出て働くことができるのだろうか? 障害というハンデを背負っているのに、人並みの生活ができるのだろうか……？

私はそうした不安を抱える子供たちとその両親に〝職人として生きる〟という選択肢を知ってもらう機会を増やせば、多くの人に安心と喜びを届けることができるのではないかと考えるようになりました。

社会に出て活躍する人間になるために学校に行くのでは？

そう、私がみなさんにお伝えしたいのは、お子さんの成長を育む場としてマイスター高等学院を〝第3の選択肢〟と考えてみてほしいということです。職人として生きるというライフスタイルを、お子さんの進路のひとつとして検討してみてはどうでしょうと提案したいのです。進学、学びの場ということで考えると、通常のファーストチョイスはもちろん普通高校になるでしょう。

2つ目の選択肢は昨今数を増やしているフリースクールです。フリースクールは激増する不登校の子供たちをサポートする民間組織ですが、運営されている方から内情はかなり厳しいという話をお聞きしました。フリースクールは自治体に学校として認定されていないため、国からの補助金がなく、授業料が高額にならざるを得ないのです。仮に学納金を抑えると、今度は持続的な経営ができない状態に陥ります。

本来は一般教育から零れ落ちた子供たちの受け皿は国が作るべきですが、悲しいかな今はそこまで手が回っておらず、ドロップアウトした子供は国や自治体から見捨てられてしまっているのが実態です。

また、フリースクールの場合、学校を卒業した後にも問題があります。親御さんは、子供が成人したら社会に受け入れられ、自立した生活を送れるようになってもらいたいと思っていることでしょう。しかしフリースクールを卒業しただけでは、社会で生き抜いていける術は身に付きません。子供たちに単に楽しい居場所をあてがうだけでは、子供の将来に対して一生不安を抱え続けることになります。

普通高校にもなじめず、フリースクールも厳しい、もしくは不安がある……その場合、進学はあきらめて就職という選択もなくはないでしょう。しかし中卒で就けるような職種は所得の面でも業務内容の面でも厳しいものが多く、社会経験がゼロである子供たちに長く続けられるとは思えません。そうなるとひきこもりやニートになってしまい、社会復帰からますます遠ざかってしまうという悪循環が起こります。

結局、人は何のために学校に行くのか、何のために勉強するのかといえば、私は社会に出て活躍する人間になるためだと思います。今の学校は受験のための勉強になっていて、だからこそ、そこに意味を見出せない子供たちが脱落しているのだと感じます。本来学生というのは社会に出るための準備期間であり、社会に出た時に役立つスキルや能力を教え、生きる力を育むのが学校の役割であるはずです。

であるならば、専門的な内容を教える学校＝専門学校、職業訓練校がもっと数多く設立されるべきではないでしょうか。できるだけ早い段階から社会のさまざまな職種の人に接し、職業について考えるキャリア教育を一般化するべきです。自分の資質と能力、そして興味を持てるのは何かを見つめ、「自分は将来この仕事に就く」「この道に進みたいんだ」という進路が見えていたら、その職業に合ったスキルを集中的に学べる専門学校に進むことが理想の道であることは言うまでもありません。

スキルを身に付けているかどうか、働く人の本質が問われる時代

実際、海外では職業訓練校が学びの主流になっています。北欧やオーストリアなど多く

の地域では、子供が社会に出るための学び場といえば専門職の技能を習得する学校を指すのが一般的です。

たとえば、私たちが校名にも冠した「マイスター制度」発祥の地であるドイツでは、大学というのは研究するために行く機関になっています。若者たちはまず専門学校で技術を身に付け、社会に出て技術を仕事に活かした後、さらにその分野を学術的に追究したいという場合に大学に入学します。まずは社会で通用するための技術を身に付け、その後それをさらに突き詰めたい人のために大学は存在するのです。

マイスター高等学院では入学当初から未来のキャリアパスを提示し、現場を覚えて一人前の大工になった後に、建築士等の国家資格を取得するのがスタンダードだと伝えています。現場叩き上げの専門家ほど頼りになる人材はいません。事業所が教育機関になることによって、教育と仕事は一体化します。それによって職人は単なる肉体労働者で終わるのではなく、マルチに活躍できる知的労働者へと成長していくことが可能です。

昨今日本でも「リスキリング」という言葉を耳にするようになりましたが、社会で通用する技術、職業能力をいかに身に付けるかが改めてクローズアップされる時代になってきたと思います。大事なのは名の通っている大学を出たかどうかではなく、仕事に役立つスキルを身に付けているかどうか。それは単なるラベルでしかない学歴がもてはやされる時代が終わり、やっと働く人の本質が問われる時代に突入したとも言えます。

どんなに時代が変わろうと、一度身に付けたスキルは廃れることがありません。もし身に付けたスキルが時代にそぐわないものになったなら、リスキリングという形で時代に適した新たなスキルを身に付け直せばいいだけの話です。一度スキルを習得する過程を経験していれば、別のスキルの習得もそれほど難しくないはずです。

最初に示した「わが子にどんな能力を身に付けさせたいのか？」の答えは、それぞれのご家庭で決めることです。愛する子供が生きていく10年後、20年後、30年後の未来を見据え、何を大切にして今を生きるべきか？　どういう学びが大切だとアドバイスするのか？

その選択肢のひとつとして、学歴に縛られない生き方が存在し、職人として生きる、もしくは現場を知り尽くした専門家になるという道があることを心に留めておいてもらえればと思います。

第6章

教育者へのメッセージ

今本当に〝教育〟できていますか？

学校制度から零れ落ちた不登校児が増え続けている

この章で私が向き合いたいのは教育関係者の方々です。

私は元々大工であり、中卒の私が教育について語るなど不相応はなはだしいことはわかっています。それでも職人起業塾という社会人教育の研修事業を立ち上げ、8年近くにわたって300人以上の若者を導き、対話を行ってきました。そんな中で、私なりに教育について考える機会も数多く持ちました。

ここではその経験と学びをみなさんにお伝えすることで、今後の日本の教育のあり方について一緒に考えていければと思います。

やはり今の教育でもっとも大きな問題は、不登校や学校を中退する若者の数が急激に増えているということではないでしょうか。私が若い頃から学歴社会になじめずドロップアウトする若者はいました。しかしそれはごく一部の特殊な生徒という印象でした。

文部科学省が発表した統計グラフを見ると、1991年度から2021年度までの30年間で、小中学生の不登校児は約6万人から約24万人へと4倍近くまで跳ね上がっています。

少子化の中でこの数字ということは、かなり高い割合で子供たちが学校教育から零れ落ちていることを示しています。その現状には衝撃を受けずにいられません。

さらに昔の不登校児はヤンチャな生徒というイメージでしたが、最近は随分と様相が変わり、ごく普通の学生が些細なきっかけから学校に通うのをやめて自宅に引きこもってしまうケースが増えているようです。また、私が子供の頃には存在しなかった〝発達障害〟というカテゴリーが生まれ、生きづらさや集団行動の難しさを抱える子供たちを区別しながらも社会全体が許容するべきだという傾向も強くなっています。

どちらにしろ既存の学校は求心力を失いつつあります。戦後から大して変わってこなかった今の日本の教育制度が崩壊の危機に直面しているのは間違いなさそうです。それと同時に、現状の学校教育になじめない多くの若者が、何のサポートもないまま外の世界に放り出されている状況も見過ごすことはできません。

そんな世相に危機感を感じ、全日制の高校に通うのをやめた学生のための受け皿を作ろうとする動きもあります。

もっとも一般的なのは通信制高校でしょう。少子化のあおりを受けて全日制の高校が毎年激減している一方で、通信制高校は学校数も生徒数も増え続けています。また、民間の学校であるフリースクールも全国的に増えています。こうした多様な学びの場が作られ、若者たちの選択肢が広がるのは素晴らしいことだと思います。

ただ、私が気になるのはその後の出口です。今の社会は私が働き出した頃とは大きく異なり、強欲資本主義が隅々まで浸透した弱肉強食の世界になっています。そんな中で、やりたいことをやりながら生計を立てていくのは並大抵のことではありません。今の世の中で専門的な知識を学ぶことなく、ただ定時制や通信制の高校の高卒資格を手にしただけでは、豊かな暮らしを享受できるどころか、正規雇用されることさえままならないのが現状です。

私には学歴社会から零れ落ちて、社会で活躍できる力を身に付けていないと、よしんば通信制高校やフリースクールで高卒資格を得たとしても、結局のところこの先、搾取され、道具のように使い捨てにされてしまう人生が待っているだけのように思えてなりません。

教育者は出口を考えずに入口を作ってはダメだと思う

通信制高校やフリースクールを運営している事業者さんで、学生たちが卒業後どのような進路に進むのかまったく考えてない人は皆無のはずです。ほとんどの教育者は若者たちが世の中に役に立ち、幸せに暮らせるようなスキルを身に付けて社会に出て行ってほしいと願っています。

しかし現実は厳しく、たとえ定職にありつけたとしても単純作業を主とする労働集約型の事業所で働けるのが関の山。将来に向けてのキャリアパスなどまったく見えない状態です。最低限の社会保障は受けられたとしても、明るい未来が感じられる職場で社会人生活を送ることなどほぼ不可能です。

実際、通信制高校やフリースクールを運営している事業者の方に話を聞くと、そのことに問題意識は感じながらも何の対策も見つけられず、思考停止に陥ってしまっている人が少なからずおられました。しかし私は教育者として、出口を考えず入口を作ってはダメだと強く思います。

私たちが設立したマイスター高等学院が主眼に置いているのは、その教育における〝出口〟の部分です。私たちの学校は、在校生が卒業して社会人になった時、一生安定して、豊かに、面白くて好きな仕事を行いながら、お客様や世の中に喜ばれるような働き方を実現できることをまず基本に置き、その先の選択肢まで考えられるようにキャリア制度を設計しています。

それを一言でまとめると、「ｉｋｉｇａｉ（生きがい＝好きなこと×得意なこと×お金になること×社会が求めていること、のすべてが重なる働き方）」を感じられる生き方を若者たちに提供するということになります。

その目的を叶えるため、教育内容の充実と並行して、受け入れ側となる事業所の人事制度やキャリアパスの改革など、事業所のガバナンス整備も進めています。学校では通信制高校のカリキュラムを利用して高校卒業の資格も取れますが、私たちにとって高卒資格はオマケと言っても過言ではなく、それ自体が目的になることは絶対にありません。

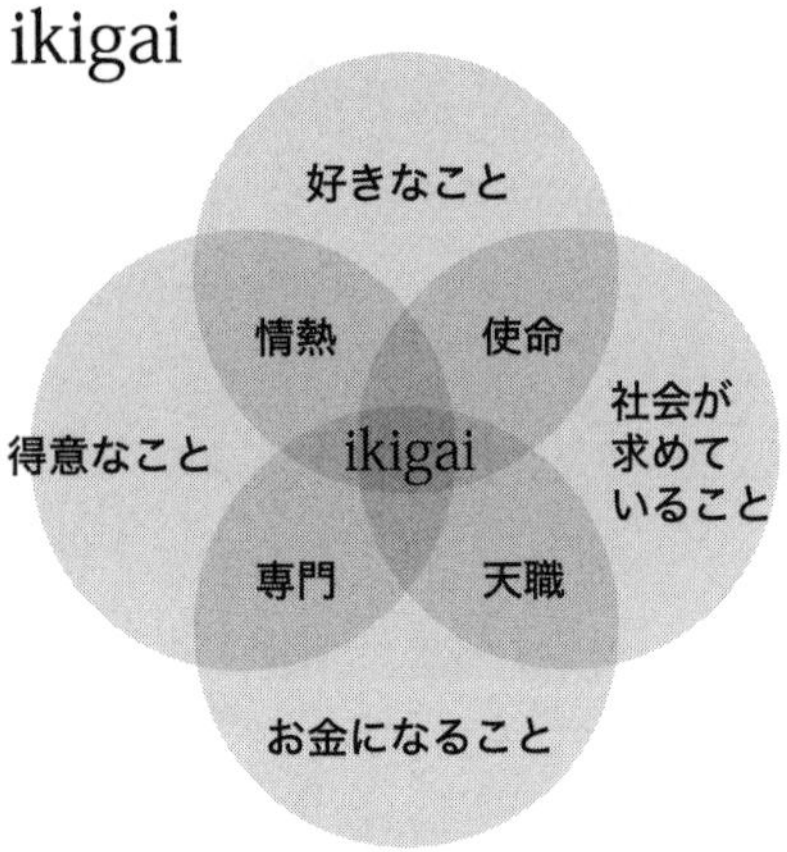

マイスター高等学院は〝出口〟ありきの教育を提案しており、高校での教育は社会に出て活躍し、人生を選択できる自由を手にするための手段であるという立場を取っています。大事なのは在学中ではなく、学校卒業後の価値創造、ｉｋｉｇａｉを持てる働き方を選択できる力であるという考え方です。

ここで私が教育者の方々に問いたいのは、「みなさんは本当に生徒の人生を引き受ける覚悟がありますか？」ということです。通信制高校やフリースクールなど、既存の学校制度から零れ落ちた若者たちのために受け皿となる施設を作るのは素晴らしいことです。通える居場所があるだけで喜ぶ生徒や親御さんもいることでしょう。しかし表面的で曖昧な出口しか設定せず生徒と向き合い、目の前のかりそめの自由だけを満喫するような教育機関を作ってしまうと、それは最終的に生徒たちのためにはならないと思うのです。

もしも本気で彼らの面倒を見たいと思うなら、彼らが社会に飛び出し、活躍するまで面倒を見るべきです。そのためにはいかにして彼らがｉｋｉｇａｉを見出すか、潜在的な才能を開花させて社会で感謝される働きができるか、将来に希望を感じながら青春時代を謳歌できるかに焦点を当てなければならないと思います。改めて言いますが、一緒に過ごす今だけでなく、この先も続く子供たちの人生をまるごと引き受けるという高い志を持ち、それを実装させてこそ自分は教育者だと胸を張って言えるのではないでしょうか？　ちなみに、私の周りにはそんな高い志と覚悟を持ち、真剣に子供達に向き合う素晴らしい教師の方々が多くおられます。そんな方々は学校を卒業した後の子供達の人生に強く思いを馳せておられます。しかし、毎年、新たな生徒が入れ替わり、膨大なタスクに追われて、卒

業した後の生徒に寄り添えないと悔しがられます。そんな先生達と私たちは手を携えて共に若者の成長を見守りたいと思うのです

とにかく志を掲げることから教育に取り組まなければならないと私がこれほど強く言い張るのは、福沢諭吉先生の『学問のすすめ』を読んで「まさにこれだ！」と肚落ちしたからに他なりません。

『学問のすすめ』はもっとも多くの日本人が読んだ書物であり、「天は人の上に人を造らず人の下に人を造らず」の一文は日本中のほとんどの人が知っている有名なフレーズでしょう。しかしその言葉の続きを知っている方はどれだけいるでしょうか？　教育に携わる方でも、このことを知らない人は多いようです。

実は諭吉先生は、あの一文の続きに学問を修めることの必要性を綴っています。

その文面は以下の通りです。

「汝の額の汗をもって汝の食《めし》を食くらえ」とは古人の教えなれども、余が考えには、この教えの趣旨を達したればとて、いまだ人たるものの務めを終われりとするに足らず。こ

の教えはわずかに人をして禽獣に劣ることなからしむるのみ。試みに見よ。禽獣魚虫、みずから食を得ざるものなし。

――『学問のすすめ』より抜粋

明治時代の言い回しは難しいので、現代語訳の要約を以下に載せます。

人として自分で衣食住を得るのは何も難しいことではなく、別にいばるほどのことではない。これは、動物に負けていない、というだけのことだ。動物、魚、虫のどれもが自分で食を得ている。蟻に至っては、はるかに未来のことを考え、穴を掘って住処を作り、冬の日に備えて食料を蓄えている。

そして、この一節は以下のように続いています。

世の中には、この蟻レベルで満足している人もいる。仕事で収入を得て、マイホームに住み、普通の生活をして、いかにも自分を立派な人間のように言う。この人はただ蟻の弟

子というくらいのものだ。生涯やったことも、蟻を越えることはできない。万物の霊長たる人間としての目的を達したものとは言えない。目的を達しないのは、虫けら同然のバカである。

かなりの強い口調に驚かれる方も多いと思いますが、それは諭吉先生の真剣さを表した意訳です。諭吉先生はすべての日本人に「何のために生きるのか？」「どのように人生の目的に向き合うべきか？」を問うていると言えます。諭吉先生が叱咤にも近い言葉で訴えているのは、「我々人間は先人先祖から文明という遺産を受けて、便利さを享受している。だからこそ我々は、未来の人から感謝してもらえるような行動をとらなくてはいけない」ということです。

諭吉先生は学問を修めることで人生の目的を明確に持ち、独立自尊の精神を育み、人として当然持つべき使命を果たせと強い論調で書いています。これが戦前の日本では学校の教科書として採用され、ほとんどの日本人が目にしていたという事実には大いに考えさせられます。

それは現代社会に蔓延している「今、金、自分さえよければいい」という価値観とはまったく逆の、「未来、文明、利他」を中心に据えた考え方です。私は日本という国が明治維新以降、西欧列強からの脅威に向き合い、植民地として支配されることから逃れ、彼らと肩を並べるまでに成長した原動力は、こうした思想が根底にあったからだと思っています。太平洋戦争で敗戦して焼け野原になったにもかかわらず、世界有数の経済大国として奇跡の復活を遂げたのも、この思考や思想が強い影響を与えていると感じます。

学問とは、その言葉通り「問いを持つことを学ぶ」ことでしょう。そして問いとは「自分は何をなすべきか？」「社会はどのようにあるべきか？」「誰もが一度きりの人生の時間を何に使うべきか？」を考える機会を持つことに他なりません。

学問の入口を担うのは常に学校です。学校ではまず子供たちに本質的な問いを持たせ、その問いの答えである〝志〟を掲げさせるべきです。そもそも学問の先にあるのは、諭吉先生が言われた通り、まだ見ぬ未来の人たちを含めた多くの人の幸せであると私は思います。

最後にもうひとつ、私の心に刻まれている言葉を紹介します。

教えるとは希望を語ること
学ぶとは誠実を胸にきざむこと

これはフランスの詩人、ルイ・アラゴンが書いた「ストラスブール大学の歌」という詩の一節です。この詩はナチスドイツに凌辱され、虐殺されたフランスの大学教授や学生の怒りと哀しみを歌ったものですが、私はこれを読んで「希望を語るとは、未来を切り拓く方法論を共有し、その実践を支えること」だと解釈しました。「誠実を胸に刻むとは、自分自身の実践で在り方や姿勢を見せること、命懸けで伝えること」だと思っています。

この世界のあらゆる問題の根本解決が教育にあることは間違いありません。未来を作るのはいつだって若者たちであり、その若者たちをどう導くかは大人たちの教育の在り方ひとつにかかっています。

以上は私が独学で編み出した教育論ですが、はたしてみなさんはどうお考えでしょうか。教育とは？　学問とは？　自分は子供たち、若者たちに何を教え、何を伝えるべきなのか……？

私は教育にこそ、この国の未来があると信じています。目の前に山積する社会課題を嘆き、対処を講じるだけではなく、根本解決に向けたアプローチとして多くの方々と熱い教育論を戦わせたいと思っています。

第7章

すべての大人へのメッセージ
私たちが今
突き付けられている課題

急激な人口減少がもたらす経済衰退という国難の中で

この章で私が向き合いたいのは、今日本で生きているすべての大人です。

みなさんは今の日本に不安や不満、もしくは危機感などを感じることはないでしょうか？　私は日々感じますし、若い頃からずっと怒りや憤り、無力感や絶望を感じながら生きてきました。そうしたマイナスの感情が原動力となって、３６５日休みなく20年以上も走り続ける自分を形成していると言っても過言ではありません。

要するに、ずっと怒っているのです。特に無力な自分に。なんとかしてもう少し良い世の中にして次世代に継ぎたい――私はこれまで、ただその想いに突き動かされて生き急ぐように働いてきました。ここからは少しスケールの大きな話になりますが、今回のマイスター高等学院にまつわる活動の本質の部分なのでお付き合い願えると幸いです。

これまで本書を読んできた方ならおわかりのように、私は高校を中退し、大工職人として身を立て、家づくりに携わる事業所を経営してきたにもかかわらず「脱・建築請負業」を掲げて、地域課題解決のためのコミュニティ企業へと会社ドメインを変更しました。そして志を共にする仲間と共にマイスター高等学院という学校を創設しました。現在は地域の経済格差が教育格差にならないよう、大学生のボランティアに協力してもらいながら中学生向けの無料学習塾も運営しています。建築業界から教育業界への参入は珍しいことですし、さらに私のような学のない職人からの転身は非常にレアなケースだと思います。

しかし、私が教育事業に身を投じようと決めたのは単なる気まぐれではありません。ましてや「学校は儲かるから」といった金銭的な理由でもありません。私はさまざまな社会課題に向き合う中で、世の中に蔓延する数々の問題を解決するには教育がもっとも重要な手段である、というよりも教育しか社会課題を根本解決する方法論はない、という確信に至ったのです。

日本は国民が主権を持ち、代議員を選んで実際の政治を託す間接民主制の国です。そうである以上、国民の資質がこの国を創るし、国を繁栄させるのも国を没落させるのも国民の責任ということになります。素晴らしい国を作り上げるのも、生きづらさを感じている人に手を差し伸べるのも、格差を是正するのも、誰も取り残さないセーフティネットを構築するのも、環境への負荷を減らして美しい景色を守るのも、すべては国民の意志であり意識、人々の在り方であり、在り様によるはずです。

それは経済に関しても同様で、現在の経済的繁栄を維持するには、国民一人一人が自助の精神に基づき、高い価値を生み出し、効率ではなく効果性を創造できる働き手にならないと難しいことでしょう。

現在の日本は人類がかつて経験したことのない、急激な人口減少の局面に突入しています。今後人口減少に伴って生産年齢人口の減少が進むのは確実で、たとえ外国から移民を招き入れたとしても、人口減少が引き起こす内需の減少、経済の衰退を押し止めるのは不可能です。

だとしたら私たちは一体どうしたらいいのでしょう？　このまま沈みゆく船に乗り続けるように、国が老い、経済が縮んで破綻するのを指をくわえて見ていることしかできないのでしょうか？

私は現在の日本は歴史上、類を見ない国難に直面していると思っています。そしてその未曾有の危機をいかに克服していくかを教えるのが教育であり、我々大人の使命だと思います。次世代を担う若者に対して、未来に適応できる能力を授け、将来必要となるスキルを身に付けさせる手助けを行うのが大人です。私は国民一人一人が――特にこれから社会に出ていく若者たちが――自分から価値を創造できる能力を獲得して、高い生産性（＝機械に代替されない、誰とも違う人物がそこに存在するという〝効果性〟）を発揮することでしかこの国を救う道はないと思っています。

しかし肝心の教育の現状を見てみると、暗澹たる気持ちにならざるを得ません。現在の若者の死因の第1位が自殺、小中学校の不登校児童30万人近くといったデータは、教育がこの国の危機を救うどころか、むしろ子供たちの置かれている現場自体が社会問題と化していることを示しています。

「この世界は生きるに値しない」と判断した若者たち

不登校の問題は本書のあちこちに書いてきたので割愛するとして、私が憂いてやまないのは若者の自死の問題です。年代別死因の調査を見ると、日本では10～39歳のすべての年代で死因の1位は自殺です。せっかく宿した命が生まれる前に絶たれてしまう中絶はいまだに年間12万件を数えますし、妊婦の死因の1位も悲しいかな自死です。

無限の未来が拓けているはずの若者が自殺するというのは、あまりにも悲しいことであり、国が被る損失は計り知れません。彼らが自ら死を選択した背景には個々にさまざまな理由があると思いますが、全員が共通して圧倒的な絶望を抱え、「この世界は生きるに値しない」と判断したことは間違いありません。世界の中でも豊かな国と見なされている日本は、若者や若い母親にとって希望が見出せない〝生きるに値しない世界〟になってしまっているのです。

自ら死を選択するという行為に非常に大きなエネルギーが必要だというのは想像に難くありません。実は私も若い時、どうしようもない状況に陥り、人様に迷惑をかけるくらいなら死んでお詫びをしようと考えたことがあります。その時は妻に「今までなんとかなってきたんだから今回もなんとかなるわよ」と勇気づけられて思い留まり、文字通り死ぬ気で仕事に打ち込むことで運よく絶望の淵から脱出することができました。

それから数十年経った今、当時のことを振り返ると「どうしてあの時はその程度のことで死のうと思ったのだろう。自分はなんて無知で馬鹿な経営者だったのか……」と呆れてしまいます。しかし人は一人きりで思い悩み、精神的に追い詰められると、悪いことしか考えられない負のスパイラルに巻き込まれ、簡単に闇に落ちていくものです。

50代も半ばを過ぎると、若かりし頃に大変だと思っていたことの大半が笑ってやり過ごせるようになります。先日とあるイベントで人の悩みについて考える機会がありました。そこでは老若男女さまざまな人が、自分の抱えている悩みを悩み相談のプロフェッショナルである僧侶にぶつけていました。

私が相談をぶつける方々の悩みを聞きながら感じたのは、「多くの人が絶望に陥ってしまう原因は、解決策を探すことから目を逸らしてしまう思考停止と、負のスパイラルに引きずり込まれ、闇の感情に飲み込まれてしまうことにあるのかもしれない」ということでした。要は誰かと話し、対話の中で一縷の望みや一条の光を見出すことができれば、「もう一度やってみよう」「もう一度やり直してみよう」と考えられるのではないか。そうすると悩みは単なる〝解決するべき課題〟になるし、悩みを深めた先にある絶望もまた回避できるのではないかと思ったのです。

ギリギリでなんとか生きている状態の絶望を抱えた若者が数多く存在するこの国を〝生きるに値する世界〟に変えるには、希望という名の光が必要です。心理学の大家であるアルフレッド・アドラー博士は「人が抱える悩みはすべて人間関係に由来する」と断じました。人間関係によって悩みが生まれるなら、悩みの解決もまた人間関係によってなされるはずです。

私は心理的安全性が保障されたコミュニティや、悩みを打ち明けられるセーフティネットのような場所があれば、人は絶望にまで至らないのではないかと思っています。そこは根拠やエビデンスがなくても慰められ、励まされ、無条件で受け入れられる場所であり、人と人がつながる共同体であり、誰もがいつでも気軽に出入りできる公共性が担保されていなければなりません。地域の企業が学校としての機能を備え、無料学習塾や寺子屋的に子供達が気軽に集える場を運営し、そこにさらに「子ども110番の家」のような要素が加われば、自治体でカバーしきれない地域の安全性が再構築できるのではないかと思うのです。

若者の自死問題を考えると、今の日本の社会にはそうした〝開かれた扉〟が存在しないという事実を改めて突き付けられます。日本は効率と金銭的な価値を追求するがあまり、閉鎖と拒絶が連鎖して、人々が断絶してしまう状況を作り上げてしまったのです。

でも本当にこのままでよいのでしょうか？

良知＝人は生まれながらに正しい知恵を持っている

私は〝生きるに値する世界〟とは誰もが希望の光を見られる世界であり、社会がそれを提示している状態だと思います。社会とは地域社会の集積であり、地域社会は地域で生業をなす会社の集合体です。地域に根差した活動をする事業所の一つ一つが「我こそが社会を構成しているのだ」と正しく認識すべきです。

そんな地域企業が、人を学歴で判断するのではなく、誰に対しても門戸を開き、人を人として見る、表面に顕れていない潜在的な才能に着目して、それを粘り強く育てていく体制を整えれば社会は必ず変わります。

マイスター高等学院のプロジェクトを共に運営するメンバーは、誰もが持つ「良知」と呼ばれる可能性を信じて、多様な若者を迎え入れる決意をもって参画してくれています。良知とは中国の儒教の経典「四書」のひとつ『孟子』に出てくる概念で、「人が生まれながらに持っている、是非・善悪を誤らない正しい知恵」を指します。人は生まれながらにしてすでに正しい心を持っているのであり、それを引き出せないのは社会や組織が生み出している環境に問題があるのです。

地域社会に良い会社が増えて、その会社同士が連携して社会を変えるプロジェクトを立ち上げていく。人々の個性がありのまま活かされるコモンスペースがあちこちに誕生して、条件や差別なく、どんな人でも受け入れる事業所がスタンダードになる――そうなれば共感でつながる共同体の輪が地域から広がり、世の中が〝生きるに値する世界〟に近づくはずです。

社会は地域から変わるし、地域は企業から変わるのです。企業が変わることで地域が変わり、それがひいては社会や日本という国を変えていくのです。

あまりに壮大な話であるし、「いい歳して何を夢物語みたいなことを言ってるんだ」と呆れる方もおられることでしょう。しかし私はこの当たり前の原則論を心から信じていますし、残りの人生を賭けて少しでもこの国を、〝生きるに値する世界〟に近づけていきたいと思っています。これは私に課せられた使命であり、私のｉｋｉｇａｉでもあると感じています。

言うまでもなく、企業を作っているのは国民であるみなさん一人一人です。一人一人の心が変われば企業が変わる、企業が変われば地域が変わる……。

あなたが未来の子供たちに残したい世界はどのようなものか？　ただ面白おかしく過ごし、お金を稼いで、食べて、快楽を貪って死ぬだけではなく、自分が生きた証として少しでも社会をよくしたいとは思わないのか？　何かに貢献したいとは思わないのか？

私はこのような問いを常日頃から口にして、発信し続けています。そこで気付くのは、大多数の人はすでに感づいているということです。特に地域企業の経営者は、規模の大小は別としてほとんどの方が志を持っているし、今だけ、金だけ、自分だけ良ければそれで良いとは考えていません。ただ、行動に移す方法論を知らない方が多いもしくはきっかけに出会っていないだけだと思うのです。

子供は未来、若者は国の宝、教育こそが地域の課題を解決する根本――もしこのような当たり前の理を感じておられるなら、是非ともみなさんにも教育者になる自覚を持ってもらいたいと思うのです。最後に決めるのは、みなさんの心ひとつです。

私たちはそれをマイスター高等学院という形で着実に実現してまいります。全国１７００の市町村に、それぞれたった１つずつでもキャリア教育を行うマイスター高等学院ができれば、民間の事業者団体が運営する世界最大の教育機関になります。それは日本の未来を創り出す原動力になるはずです。

どうぞ気軽に私たちにアクセスしてください。私たちは難しく考えがちな〝学校を作る〟という事業を簡単に始められるスキームを用意しています。

今の国難を乗り越えて、次世代のために一緒に〝生きるに値する世界〟を創りませんか？

第8章

マイスター高等学院から広がる輪

ますます広がるマイスター高等学院の仲間たち

最後にマイスター高等学院のビジョンに賛同して、サポート企業として参加を決めてくれた方々の声を紹介します。

マイスター高等学院は、2024年4月時点では近畿圏を中心に子供たちを受け入れる体制を整えています。当初は大工不足の解消を目的に据えていたので、建築業界の内部だけで広がっていましたが、現在では飲食業界、介護業界など他分野からも数多くの賛同の声をいただいており、私自身も学校を開設したい事業所、提携する通信制高校、児童養護施設向けの説明会のために日本全国を飛び回っている状態です。

幸いマイスター高等学院のシステムはエリアの中で競合するようなものではなく、むしろ仲間を増やすことによってそれぞれが補完し合い、助け合う関係となるので、理念やビジョンに賛同さえしてもらえれば一気に数を増やすことが可能です。

大げさだと思われるかもしれませんが、私は最終的にマイスター高等学院を日本全国の各市町村に少なくとも1校ずつ開校したいと考えています。目標は日本全国で1700校の開校です。

マイスター高等学院が全国1700の市町村に広がるということは、若者の可能性に目を向け、本質的な人材育成に取り組む企業が1700社誕生するということになります。それは民間による世界最大の教育機関となり、日本の地域企業が大きなリソースを手にする可能性を秘めていると同時に、今の学歴偏重の学校教育にアンチテーゼを突きつけ、若者たちに新たな選択肢を示すことにつながります。

場所や業態は違えども、マイスター高等学院のプロジェクトに参画する企業経営者は同じ志で結ばれています。短時間で効率的に収益をあげる利益偏重の経営を推し進めるのではなく、未来のため、若者のため、地域のためにできることを自ら実践していく——この草の根のムーブメントは、これからますます広がるはずですし、私は人生を賭けてこの大きな目標の達成に向けて走り続ける所存です。

以下に記した、共にプロジェクトを立ち上げた同志たちの声に耳を傾けください。地域企業が日本を支え、そして変えて行く胎動を感じていただけると思います。

何事もやろうと思ったら10年、その気持ちで取り組む

一般社団法人マイスター育成協会　副理事長
【正会員】　有限会社　ダイシンビルド（大阪府大阪市北区）
代表取締役　清水一人

私は大阪で工務店を経営していますが、大工の育成は喫緊の課題です。やっぱり大工がいないと家は作れません。高橋さんは元々大工なので職人の後継者を育てたいという気持ちがあるでしょうが、私は純粋に「いい家」が作りたい。いい家を作るには腕のいい大工が必要です。視点は異なりますが危機感が同じだったので、今回参加を決めました。

私と高橋さんは中卒です。そうした経歴のせいか、今の学校教育に疑問を感じるところもあります。自分が何をやりたいかわかっているのなら、やりたい高校に行くのが本筋です。大学に行くために高校に行き、いい会社に進むために大学に行き、そして就職して違和感を感じる――そんな回り道は必要ないと思います。

この試みが実るまで時間はかかると思います。でも何かやろうと思ったら、何事も10年は必要です。それくらいの気持ちでマイスター高等学院にも取り組もうと思います。

地域を守る人材は地域で育てていかないと

一般社団法人マイスター育成協会　副理事長
【正会員】　有限会社　森建築板金工業（奈良県大和高田市）
代表取締役社長　森亮介

弊社は大正15年創業で、屋根と雨漏り対策を中心に事業を行っています。今年で創業98年、私で4代目になります。

私が危機感を感じているのは職人不足の問題です。弊社は台風や地震などで屋根が損壊した際に駆け付ける「災害対策企業」だと自負していますが、今の状態が続くと災害が起こった際に地域を守れなくなります。「地域を守る人材は地域で育てていかないと」という想いからこの春、行政とタッグを組んで「こども建設王国」というイベントを立ち上げました。子供たちに職業体験する機会を提供し、職人の仕事に親近感を持ってもらえればと思うのです。こうした私たちの活動は、まさにマイスター高等学院と重なる部分があります。社会のインフラを守るのは建設業の使命です。マイスター高等学院をきっかけに、屋根だけでなく建築業界全体が盛り上がり、地域全体がよくなればと思います。

職人不足は若者の問題ではなく僕ら業界側の問題

一般社団法人マイスター育成協会　監事
【正会員】　ガーデン　株式会社（京都府京都市北区）
代表取締役　田中健治

弊社は木造の注文住宅を中心にやっていますが、数年前から大工の育成のため新卒採用をはじめました。それ以前から「大工がどんどんいなくなる。このままでは工務店が成り立たなくなる」とは感じていたんです。すでに年度末は職人の取り合いが起こっていて、台風などの災害の後はまったく大工が足りていない状態です。今後もっと酷くなるというのは明らかでした。僕は職人不足は若者の問題ではなく、僕ら業界側の問題であると思います。若者に来てもらうには、僕ら企業側が「あそこに勤めたい」と思ってもらえるようなしっかりした会社に変わらなければいけないんです。

なので僕は今回の動きを、会社が変わるきっかけにしたいと思っています。若者たちを受け入れることで自社の魅力を高め、日本中の志を同じくする工務店さんと一緒に学んでいく。きっと業界全体を巻き込む大きな力になると思います。

大工の意義や仕事のやりがいを教えてあげたい

【正会員】　株式会社　ホクト住建（大阪府箕面市）
代表取締役　藤原康雄

私は今回のマイスター高等学院を含め、高橋さんから大きな影響を受けました。日本の職人不足の問題もそのひとつで、高橋さんに会っていなかったら多分ここまで真剣に考えていなかったと思います。職人不足に関しては、大手企業は外国人労働者や機械化などに目を向けていますが、それは私たち中小の工務店にとってハードルの高いやり方です。しかし地域には行き場を失った若者や、道を踏み外して定職に就けない子供たちが数多くいます。彼らに新しい道を提示できれば課題の解決につながります。

弊社はこの春、初めて一人の生徒を受け入れました（114ページに登場した松下凜太郎くん）。実際受け入れてみると大変なことも多いですが、早く大工の意義や仕事のやりがいを教えてあげたいと思ってます。今後は彼らが同年代で集まって、励まし合ったりグチを言い合ったりできる環境も整備していきたいです。

消費者より生産者が脚光を浴びる時代へ

一般社団法人マイスター育成協会　理事
【正会員】　株式会社　戎工務店（兵庫県神戸市灘区）
代表取締役　戎健太郎

弊社は海軍のメカニックだった祖父が創業した会社で、モノづくりの姿勢や職人の技術をとても大切にしてきました。だからこそ昨今当たり前のように使われる「消費者」という言葉に象徴される〝消費する／消費させる〟ことを基本とする考えや、ＧＤＰ＝消費の総合計で国や人の豊かさを計る姿勢に強い違和感を感じます。

住宅に関しても、売り買いする〝商品〟として扱われるのが普通ですが、最近は「住まいを通じてどんな家族になりたいのか？」という暮らしづくりと、「どんな素材でどのように作るのか？」というモノづくりの部分こそ本質だと気付いた方が増えてきました。消費者よりも生産者が脚光を浴び、モノづくりの意義や楽しさ、歓びが再認識される時代がすぐそこまで来ています。それは生産者である職人が輝く時代です。本校を通じて、未来あるモノづくりの歓びをたくさんの若い人たちに伝えていきます。

職人の時代のための土台作りを進めていく

一般社団法人マイスター育成協会　理事
【正会員】　株式会社　Ａｎｙｓ（大阪府柏原市）
代表取締役　吉野日出子

私は高橋さんが以前から必死に訴え続けてきた「職人は絶滅危惧種」というフレーズが心に刺さっています。弊社も職歴20年の熟練者ですら現場では作業員として虐げられることが多く、職人起業塾への参加を通して職人の地位向上に取り組んできました。

職人を育てるには10年かかると言われます。私は体・心・技術を備えた人づくりを行い、ホワイトカラーと技術者が同じ立場でモノを生み出す世界が実現すれば、必ずマイスターの新時代が訪れると確信しています。その時代を引き寄せるため、私たち自身が若者を応援する企業になり、ビジョンに共感する仲間を集めることを目的に参加を決めました。

しかし現状は行政の壁もあり、学校で持ち込み授業を行うハードルは高い状態です。これを解消するには、学校側とのコミュニケーションを深めていかなければなりません。50年後の職人時代のため、今から土台を固めていきます！

子供たちの輝きは地域全体に伝わっていく

一般社団法人マイスター育成協会　理事
【正会員】　伸和リンク　株式会社（兵庫県高砂市）
代表取締役社長　大田佐智子

私は建築現場の足場を組む会社を経営しています。足場職人というと「怖い」というイメージがあるでしょうが、弊社では女性の職人も2名在籍しています。私は業界の古いイメージを払拭し、女性でも活躍できる仕事ということをアピールしたいと思ってこれまで活動してきました。マイスター高等学院に参加したのは高橋さんの熱い想いに共感したからです。弊社も地域に恩返しがしたいと思って、5年ほど前から子供食堂にお弁当を届けたり、DVから逃げてきた人たちのために母子寮の支援を行っています。

マイスター高等学院ができることで、子供たちが自分のやりたいことや生きがいを見つけてくれればいいなと思います。子供たちがワクワクすることで、彼らの輝きは地域全体に伝わっていきます。私たちの役目は、彼らが輝くためのお手伝いをすること。これからも地域と子供たちを愛情深く見守っていきます。

技術の伝承伝達を通して人財を育成し、日本の国力を上げる

一般社団法人マイスター育成協会　理事
【正会員】　有限会社　空間工房匠屋（静岡県富士宮市）
代表取締役　山﨑修一

弊社は「徹底的地域密着」の大工工務店として新築からリフォームまで手掛けさせていただいています。私が建築業界にお世話になり33年が経ちます。横道に逸れていた私が、今こうして在るのも、大工として仕事をさせていただいたおかげです。大工仕事を教えていただいた親方や兄弟子、諸先輩方には本当に感謝しています。

しかし先輩方が遺してくださった日本のモノづくりが今、衰退しています。大工技術は〝規矩術《きくじゅつ》〟と呼ばれ、千数百年前から伝承伝達されています。その緻密で繊細な日本のモノづくりを衰退させてしまうわけにはいきません。私は受け継いだものを次世代に遺すことが先人たちへの恩返しだと思っています。今後は志を同じくするみなさんと一緒に技術と魂を持った職人を育成し、日本のモノづくりを発展させていきます。そして未来を創り上げる人財を輩出し、日本の国力を上げることに貢献します。

会社のガバナンス整備について共感した

【正会員】　株式会社　アップハウジング（大阪府大阪市淀川区）
代表取締役　小川泰毅

マイスター高等学院で惹かれたのは、企業のガバナンスに関する部分です。弊社は施工管理と不動産売買を行う会社ですが、高橋さんの話を聞いて、社員が離職する理由のひとつがガバナンスにあるのかもしれないと気付かされました。たとえば給与体制を整えて、この資格を取ったらいくら上がるということを体系化すれば、社員も未来が見えるようになって仕事のやりがいが向上する、会社への定着率も上がると聞いて納得しました。

共感したのはそれだけではありません。つい先日、地元の児童養護施設を訪れ、施設の子供たちを弊社で受け入れることについて話をしました。施設の方いわく、施設を卒業した子供たちは問題があっても施設には相談しづらいらしく、地元の企業がつながりを持って、相談しやすい状況を作ってもらえるとありがたいということでした。私も地元の他の企業を巻き込みながら彼らの力になりたいと思います。

あらゆる業種が〝経営〟と〝教育〟を融合させる

【事務局】　ＡＭＡ行政書士・社会保険労務士事務所（兵庫県神戸市中央区）
組織革命家　川島三佳

私は普段職人の育成や企業のガバナンス整備などに取り組んでいますが、その中で目先のことだけに囚われていたり、他人の評価軸で生きることで、大勢の人が働くことで苦しんでいる場面を目の当たりにしてきました。本来働くということは、関わる人を幸せにすることで自分も幸せになれる営みです。

マイスター高等学院の話を聞いた時、まず企業が〝経営機関〟から〝教育機関〟にドメインを変更するというアイデアがとても面白く、可能性を感じました。それも建設業だけでなく、ありとあらゆる業種の企業が〝経営〟と〝教育〟を融合させるのです。現在は〝家庭〟〝学校〟〝社会〟と３つの教育が分断されている状況ですが、マイスター高等学院の登場によって教育が一体化します。これが当たり前になれば人も社会の在り方も整い、誰もがｉｋｉｇａｉを持って生きる〝共に輝く〟世界が実現できると光を感じています。

おわりに

乱暴な言葉づかいで恐縮ですが、私は今の世の中はマジでヤバイと思っています。

実体経済と関係のないところで株価がコントロールされ、日経平均はアベノミクス開始時の4倍まで膨れあがりました。日本では億万長者が大量に生み出されているにもかかわらず、国民の所得は下がり続けています。円安の追い風を受けて上場企業の株式配当は急増しましたが、それを受け取る大半は外国の投資家、投資会社です。法人税を下げて大手企業を優遇し、国民からそれ以上に消費税でむしりとる政府。景気回復なきインフレ、円安にほくそ笑む大手企業と実質のオーナーである株主。極めつけには、日本最大の政治派閥の領袖が簡単かつ無防備に若者に暗殺される国が、はたして先進国と呼べるでしょうか？

格差の拡大と深まる分断、暴力による現状変更は、なにもロシアや中東、アフリカや東南アジアの貧困に喘ぐ発展途上国だけの問題ではありません。平成の終わりに「令和は不安定、不確実、曖昧、複雑な〝ＶＵＣＡ〟と呼ばれる時代になるだろう」と言われていましたが、コロナ禍を経て世界が大きく変わった今、際限なき成長を目指し、金が金を生み出す金融資本主義経済は行き着くところまで行き着いてしまった感が否めません。

現状がこのような惨状であることを踏まえると、一体未来はどうなるのでしょう？「未来は明るい」と心から信じている人が今の日本にどれくらいおられるのでしょう？

これまでの歴史の中で人類が経験したことのない急激な人口減少局面に突入し、経済成長どころか地方自治体の破綻、消滅が危惧される今の日本。40歳未満の若者の死因の第1位が自殺という非常に残念な結果も統計によって出ています。せっかく授かった命を生まれる前に絶ってしまう中絶件数は年間12万件。幸せの絶頂にあるはずの妊婦の死因の1位も自死です。年間多くの若者が未来に希望をなくし、ぬぐいようのない絶望を抱えて生きています。今は若者たちが「この世界は生きるに値しない世界だ」と判断を下し、自ら命を絶つ時代なのです。

こんな時代を作ったのは一体誰なんだ！

その原因を突き詰めていけば、犯人は今の大人たちということになるでしょう。要するに私です。現在というのは過去の選択の積み重ねです。私たちの怠惰と強欲が若者たちを間接的に死に追いやっているという事実に、誰もが早急に気付くべきです。

ほとんどの大人は意識していませんが、その過ちの原因は戦後の学校教育にあります。

先の世界大戦で日本が敗戦した後、ＧＨＱは全国津々浦々まで学校教育制度を普及させました。そこで子供たちは「頑張っていい成績を修めれば安定した生活が約束される。人を押しのけていい学校に行けば将来豊かな暮らしができる」と教えられました。自分のこと、目先のこと、金を稼ぐこと――それらがすべてにおいて最優先の価値であると心に刷り込まれてきたのです。

だから現在の日本社会は「お金にはならないが志のために働く」という行為が失笑される世の中になっています。私たちの子供時代はまだ戦前・戦中生まれの大人と接していたので「世のため、人のためになる生き方をしなさい」と教わる機会がありました。しかしその世代から一巡した今、社会の中心は完全に「今だけ、金だけ、自分だけ良ければいい」という価値観に染められています。未来のことなど考えない、損得勘定だけで行動する、他人のことになど目もくれない――これは完全に奴隷の思考です。自分自身も含め、戦後の日本人に蔓延したのは奴隷教育と奴隷思考だったのだと近年私は気付かされました。

ではそんな絶望的にヤバイ状況の中、私たちはもうすべてをあきらめてしまうしかないのでしょうか？「今さら何をやっても焼け石に水。どうにもならないよ」とうそぶいて、逃げ切りの計画を立てるだけでよいのでしょうか？老後に何もせず安穏に暮らすことを夢見るだけの無責任な態度でよいのでしょうか？

私は自分たちで悪化させてしまった環境は、自分たちで浄化できるはずだと信じています。〝こんな時代〟を作ってしまった責任を感じるのなら、今からでもやれることはいくらでもあるはずです。

もっとも身近で、未来への投資になる社会課題解決のアクションは、人材の育成だと思います。子供たちを絶望の淵に追いやることのない社会の実現は、地域の企業が協力して取り組むことで達成できる可能性が大いにあります。

ではそれを実現するにはどうすればいいのか？

若者たちが「生きるに値する」と判断できる世界を作るには、社会課題を生み出し続ける現在のスタンダードをひっくり返す必要があります。そして新たなスタンダードを確立するには、多くの人の賛同と協力が不可欠です。

同じ志を持った地域企業が手を携えれば、世の中の環境を少しずつですが変えることができます。日本の企業の９９．７％は地域に根差した中小企業であり、まずはこうした企業の経営者が変わることで地域や自治体が変わり、その動きはいずれ国全体に波及していきます。

私たちは圧倒的に微力ではありますが、決して無力ではありません。肝心なのはわずかかもしれないその力をどのように集積し、行使するかです。最初は微細な動きであってもそれが結集し、ムーブメントに成長し、やがて社会を変えていくという流れは、これまでの人類の歴史でも何度も証明されてきました。

本書の目的は、そのムーブメントへのいざないです。あなたの持つ良知、志、行動力の確認と、その行使に対する提案です。

もし本書を読んでほんの少しでも心が反応したなら、178ページの二次元コードを読み込んで「マイスター高等学院」ホームページの問い合わせフォームから事務局に連絡をください。私たちは業種、業態、老若男女を問わず、全国で新しい教育のムーブメントを巻き起こすことを志す新しい仲間の参加を心よりお待ちしています。

本書の作成にあたっては、多くの方の協力を仰ぎました。

私の前著『職人起業塾』の時からお世話になっている広島の出版社『株式会社　ザメディアジョン』には再び書籍制作にご協力いただきました。担当してくださった乃万郁美さんと芝紗也加さんに改めて御礼を申し上げます。また、構成・執筆の面では小説家の清水浩司さんのサポートを得ました。感謝いたします。

このプロジェクトが学校事業として成立したのは、「学校法人　大前学園」の大前繁明理事長の賛同をいち早く得られたことと、直感的な閃きで大前理事長との接点を作ってくれた山本悠弁護士のおかげです。お2人がいなければこのワクワクしたスピード感はありませんでした。本当にありがとうございます。また、法人立ち上げと同時に1期生として入学を決めてくれた生徒と親御さんの存在も生涯忘れることはできません。

第8章で登場してくださった、マイスター高等学院の理事や副理事を中心とした受け入れサポート校の方々。お忙しい中、時間をいただいたことはもちろん、みなさんの熱意と献身がこのプロジェクトの大きなエネルギーになっていることは言うまでもありません。この場をお借りして、時間と紙面の都合でコメントをいただけなかった全国の正会員、準会員、協賛会員のみなさんの平素からのご協力と熱意にも御礼を申し上げます。

そして本プロジェクトの母体団体である「一般社団法人　経営実践研究会」の藤岡俊雄代表理事をはじめ、岩本泰典顧問、理事、世話人、アドバイザー、会員の方々。みなさんの志に触れて多くの学びと賛同をいただけたことは本プロジェクトの立ち上げに限らず、私の人生を変える大きな転機になりました。いくら感謝の言葉を述べても足りません。本当に心から御礼を申し上げます。

マイスター高等学院はまだスタートラインに立ったばかりの学校です。この書籍の出版をきっかけに、さらに多くの人たちに私たちの動きが届くよう引き続き命懸けで尽くしますので、今後もご一緒いただければ幸いです。

最後に改めて。

私はこの国に暮らす若者たちがＩｋｉｇａｉを持ち、笑顔で、自由を満喫できる未来を自分たちの手で創り上げることを心より願っています。「天上天下唯我独尊」とは釈尊(ブッダ)が生まれた時に言い放った言葉ですが、「唯、我独り尊い」のは釈尊だけではなく、この世に生を受けたすべての人が当てはまるはずです。誰もが誇りを持って生きられる世界になるべきです。

本書が、日本がかつての輝きを取り戻し、この先も光を失わない持続可能な社会を構築するためのよすがになることを祈りつつ、ここに筆を置くことにします。

最後までご精読いただき、誠にありがとうございました。

２０２４年5月　高橋剛志

マイスター高等学院
インフォメーション

マイスター高等学院は設立当初、将来モノづくりに携わる職人を育成するための高校としてスタートを切りました。現在は建築の職人に限らず、製造業、介護業、飲食業、農業等の企業と提携を進めており、あらゆる業種の地域企業が学校の機能を併設する運動に拡大しています。

学校の原型になっているのは、社会人向けにイントラプレナーシップ（社内起業家精神）を養成するビジネススクール「職人起業塾」のカリキュラムです。その内容は現場実務者が自身の強みを見出し、現場や顧客との接点において圧倒的な信頼を獲得できるプロジェクトリーダーに成長することを目指すものです。２０２４年時点で第22期目を開講しており、延べ３００人以上の卒塾生を輩出しています。

研修の中心は人としての在り方を見つめ直すことです。真摯さ、誠実さを行動に移す習慣化のトレーニングを皮切りに、半年間の研修で主体的に新たな価値を創造するアクションプランを策定します。卒塾検定でその計画が事業に持続可能性を付加する実効性があるものだと認められたら修了証を発行します。

職人起業塾は実践研修であり、効果性の高いトレーニングですが、その教育体系は人としての原理原則の積み重ねが基本であり、もっと早い段階で学んでおいた方がいいと考え、高校生向けのカリキュラムに組み替えました。

今回、月に2回、3年間で72講と長期にわたるカリキュラムになったことで、「本学」と言われる人間力を身に付ける学びを厚くしました。日本人の商売観、倫理観に大きな影響を与えてきた中国の四書五経から『論語』『大学』を教科書に採用し、志を立てる探求授業を軸に据えています。

マイスター高等学院ではこうした座学で人間力を養いながら、週に4回は事業所や現場で先輩たちに技術を教わります。見習いとして習得するスキルを3年間で身に付けるため、卒業して事業所に正式に就職する時点で即戦力に近い状態になっており、大学卒の新入社員より高額の初任給がもらえます。その後、約5年間で一通り職人としての業務をこなせるキャリアを手に入れることが可能で、そこから専門資格を取得すれば、現場・事業所のリーダーとなり、経営層に入っていく道も開かれています。

学校ではこれら人間力、職業能力の習得と併せて、通信教育でのレポート提出と年に数回のスクーリングにより高校卒業の資格も取得します。これはダブルスクール制度を活用したものですが、現場での学びはＯＪＴとなるため、生徒は学生であると同時に事業所に時間給で勤務する契約社員という扱いになります。なので会社から給料が支払われ、金銭面の心配がないままスキルとキャリアの両方を身に付けることが可能です。

マイスター高等学院は4月だけではなく、10月入学希望の学生の受け入れも行っています。生徒の募集は随時行っています。学生と同時に「私たちもマイスター高等学院のサポート校となって運営に参画したい」という事業者も募集しています。現在は近畿地方を中心に生徒の受け入れ体制を整え、今後は日本全国すべての市町村に最低各1校ずつは開校したいと考えています。私たちが目指すのは1700校という民間の世界最大の校舎数を誇る高校であり、未来を担う人材育成の新しいスタンダードです。

・運営主体／一般社団法人　マイスター育成協会
・住所／兵庫県神戸市中央区北長狭通5-2-19-503
・電話番号／078-381-5884
・問い合わせアドレス／info@meister.style
・ホームページ／https://meister.style/
・代表理事／高橋剛志
・設立／2023年3月

●マイスター高等学院について

マイスター高等学院はダブルスクール制度を利用した通信制の高校です。本校に入学した学生は2つの学校に入学することになります。

1つ目は高校卒業の資格を取得するための学校です。マイスター高等学院は文部科学省の認可を受けた通信制高校と提携しています。通信制高校には毎週金曜日にレポートを提出し、わからないところがあれば対面授業で教えてもらえるサポートクラスがあります。そのカリキュラムをこなすことで高校卒業の資格を満たす74単位を取得できるという仕組みです。

もう1つの学校は社会人としての職業能力を身に付ける学校です。生徒は学生という身分ながら、事業所の週4日勤務の限定社員として3年間の雇用契約を結び、教育担当の先輩からOJTで実務を学びます。

また、社会人・職業人の基礎となる「人としての在り方」を身に付けるため、OFF-JTでの研修が隔週火曜日に実施されます。そこでは社会人がビジネススクールで学ぶような目的意識の明確化や、仕事を通して手に入れられる喜びを教わると共に、自分で決めた計画を確実に実行する習慣の力を身に付ける実践型探求授業を展開しています。

このような3年間のカリキュラムを経て、卒業時には高校卒業資格の取得と、見習いとしてではなく準即戦力の社員として就職できる道が拓かれるのです。

●入学資格について

マイスター高等学院の受験資格は「中学校を卒業していること」のみです。入学試験は面談と作文の提出だけ。「モノづくりの世界で頑張って技術を身に付けたい」「活躍したい」という熱意さえあれば、それでほぼ合格です。

また、中学を卒業したばかりの新入生だけではなく、現在高校に通学中の学生の転校や転学も受け付けています。その場合、これまで高校で取得した単位を引き継ぎ、高卒の資格が取得できるまで残りの勉強を行うといったカリキュラム運用も可能です。

とにかく自分だけが良ければいいのではなく、仕事を通して人や社会の役に立ちたいというやる気があれば、学校の成績や内申書の点数は一切関係ありません。どのような生徒でも広く受け入れる体制を整えています。

●費用について

まず高校卒業資格を取得する通信制高校に関しては、修学支援金の活用を含めて年間15万〜20万円程度（世帯所得や自治体によって異なる）の学費が必要です。現場や課外授業で実践型の訓練を受けるマイスター育成コースは年間45万円＋教材費が必要で、両方併せると月の学費は約5万円程度になります。

生徒はマイスター高等学院の学生であると共に、受け入れ事業所のインターンシップのように、学生が企業で実習や研修的なプログラムをもとに就業体験をする有期雇用社員でもあるため、ＯＪＴとＯＦＦ‐ＪＴの授業に出席すれば給料がもらえます。それで授業料を相殺して全額賄えるどころか、手元にお金を残すことができます。

基本的には月に約12万円程度の給料が支払われるので、教育費に対するご両親の負担はゼロになります。学生には食費・家賃として給与の一部を家計に入れることを推奨しています。

さらに本人のやる気次第では完全週休2日制の休日を返上して働くことも可能です。基本授業料がかからない上、もっと稼ぎたいと思ったら稼ぐことができる環境が用意されています。

●受け入れサポート校について

学生がＯＪＴで実務経験を積むのは、「受け入れサポート校」と呼ばれる地域企業の事業所になります。２０２４年5月現在、近畿圏を中心に16の事業所が受け入れ体制を整えつつあり、そのすべての事業所が「未来創造企業」の認定を取得済み、もしくは取得予定となっています。

未来創造企業とは「一般社団法人　日本未来企業研究所」が認定する資格です。労働法の遵守などガバナンスを整えているのはもちろん、関係主体（社員、顧客、取引先）幸福度と社会的価値（地球環境への負荷軽減、社会課題解決、地域貢献）の創出が事業に組み込まれ、その実現具合について87項目にも及ぶチェックリストが用意されています。項目は経営者だけでなく、社員も交えて評価します。

その上でさらに5ヶ月間の研修を受講し、事業内容・計画を発表し、評議員から認定された企業のみが未来創造企業に認定されます。こうして地域に存在意義を認められた持続可能性の高い事業所ばかりが選ばれる仕組みになっているのです。

事業所では学生として働く時点からキャリアパス（キャリアアップのために必要となる社内規準や条件を明確化したもの）が運用されます。10〜15年後の将来、プロジェクトや部門、もしくは事業部を任されて自分で働き方をコントロールできる裁量労働制のリーダーになるところまでキャリアパスが整備されているのがマイスター高等学院の開校条件になっています。

マイスター高等学院で取得できる技術は、現時点でも大工、建築板金、キッチン取付、仮設工事、施工管理技師……などさまざまです。現在、建築業界以外の飲食、福祉、製造業、農業等の学校を開設する準備も進めています。それぞれの事業所にはＯＪＴ教育担当者が専任で常駐しており、彼らはみな「教育コーチング」初級講座の資格を取得しています。現場での教育は昔ながらの「見て覚えろ」といった乱暴なものではなく、会話でコミュニケーションを取りながら学生の理解を導く対話方式を徹底しています。

また、入学してすぐに個性分析を受ける機会があり、学生一人一人の個性に合わせたカリキュラムを作成します。半年ごとにメンタリングを重ね、生徒の内面の成長を伴走しながら促していく体制も整えています。

●入学手続きについて

入学を検討される方は、まず事務局に連絡をお入れください。事務局から通学圏内の受け入れサポート校を紹介し、同時に願書等の書類をお送りします。書き込んでもらった書類を受理した後、事業所で面談を行い、合否判定をお知らせします。

面接の際、もしくは事前に事業所を訪問して職場見学していただくことも可能ですので、ご希望の方は遠慮なく事務局にその旨をお伝えください。

【マイスター高等学院に入学希望の方へ】

・入学金・授業料／実質0円（通信制高校学費、マイスター育成コース授業料、教材費込み。注：期間限定社員として働いた給料との相殺により）

・入学時期／毎年4月と10月、年に2回入学可能

・入学資格／中学校卒業資格のみ

・高卒資格／猪名川甲英高等学院（駿台甲府高等学校通信制課程）との連携で取得可能

・入学試験／作文・面談

・入学方法／電話かメールで事務局に連絡後、希望する学校で面談を行う。随時募集中

【マイスター高等学院 受け入れサポート校 ラインアップ】 ※2024年5月現在

マイスター高等学院神戸校（得られる技術：大工、施行管理、設計）
（受け入れ事業所：株式会社四方継　兵庫県神戸市西区池上3-6-7）

マイスター高等学院神戸灘校（得られる技術：大工、施行管理）
（受け入れ事業所：株式会社戎工務店　兵庫県神戸市灘区岩屋中町1丁目2番9号）

マイスター高等学院柏原校（得られる技術：キッチン取付、大工）
（受け入れ事業所：株式会社Ａｎｙｓ　大阪府柏原市法善寺3-7-11）

マイスター高等学院高砂校（得られる技術：足場組立・解体）
（受け入れ事業所：伸和リンク株式会社　兵庫県高砂市阿弥陀町北池297-1）

マイスター高等学院富士宮校（得られる技術：大工、施行管理、設計）
（受け入れ事業所：有限会社空間工房匠屋　静岡県富士宮市淀師1840-1）

マイスター高等学院大阪校（得られる技術：大工、施行管理、設計）
（受け入れ事業所：有限会社ダイシンビルド　大阪府大阪市北区西天満2丁目8-1大江ビルヂングＢ6）

マイスター高等学院大和高田校（得られる技術：建築板金、雨漏り調査）
（受け入れ事業所：有限会社森建築板金工業　奈良県大和高田市土庫2-4-28）

マイスター高等学院京都校（得られる技術：大工、施行管理、設計）
（受け入れ事業所：ガーデン株式会社　京都府京都市北区紫野雲林院町35番地4）

マイスター高等学院明石校（得られる技術：大工、施行管理）
（受け入れ事業所：日置建設株式会社　兵庫県明石市大久保町江井島1748-2）

マイスター高等学院山梨校（得られる技術：大工、施行管理、設計）
（受け入れ事業所：有限会社住空間工房　山梨県南アルプス市下高砂519）

マイスター高等学院帯広校（得られる技術：大工、内装仕上、管設備配管工、基礎工事）
（受け入れ事業所：株式会社匠創建　北海道帯広市西五条南31丁目1-50）

マイスター高等学院箕面校（得られる技術：大工、施行管理）
（受け入れ事業所：株式会社ホクト住建　箕面市白島2-9-14）

マイスター高等学院南河内校（得られる技術：webマーケティング、ホームページ制作）
（受け入れ事業所：株式会社ウィズリンケージ　大阪府羽曳野市西浦1丁目11-26）

マイスター高等学院鹿児島校（得られる技術：大工、施行管理、設計、土木）

（受け入れ事業所：株式会社相場工務店　鹿児島県鹿児島市中山町1598）

マイスター高等学院堺校（得られる技術：大工、施工管理）

（受け入れ事業所：株式会社マツバラ工務店　大阪府堺市美原区平尾3333）

マイスター高等学院 三三校（得られる技術：大工、現場管理、設計、不動産）

（受け入れ事業所：株式会社アップハウジング　大阪府大阪市淀川区三津屋中3-11-21）

【一般社団法人 マイスター育成協会 マイスター高等学院に入会希望、または興味をお持ちの事業者様へ】

［入会申し込みの種別］

（1）正会員

本会の目的に賛同し、認定要件（人事制度のガバナンス整備、社内教育担当者の選任、未来創造企業認定等、細則に準ずる）を満たした上で入会登録を行った、学生受け入れサポート校として運営に関わる法人及び個人事業主。

（2）準会員

本会の目的に賛同し、正会員（サポート校）としての認定要件を満たす準備を行う会員とする。

（3）賛助会員

本会の目的に賛同し、サポート校としての活動は行わないが運営に関わる入会登録を行った者、もしくは事業を賛助するために入会登録を行った者とする。

【会費】

○正会員：120，000円／年：認定サポート校かつ運営委員会員

（新規正会員のみ、HP・印刷物デザイン変更等の初期費用100，000円の入会費が必要）

○準会員：60，000円／年：運営委員会もしくは総会、イベントに参加

○賛助会員：60，000円／1口：総会、イベントに参加

［著者］

高橋剛志（たかはしたけし）

一般社団法人 マイスター育成協会 代表理事
一般社団法人 職人企業塾 塾長
株式会社 四方継 代表取締役

1967年、書店を経営する父の長男として生まれる。不良少年というレッテルを貼られる少年時代を過ごし、高校1年時に学校を中退。日本全国を放浪し、数々の職種を経験する。1986年、佐川急便株式会社に入社。高収入を得るものの先の見えない仕事に不安を感じ、25歳の時に未経験で大工見習いに転身。修業期間を経て、1998年に下請け大工職人として独立を果たす。2001年「有限会社 すみれ建築工房」を設立。2005年の本社ビル竣工を機に、元請け工務店へと脱皮を図る。2013年には社員大工のキャリアアップと地域の職人の活性化を図るため「職人起業塾」をスタート。現在まで300人以上の塾生を輩出する。2020年、会社設立20周年を機に社名を「株式会社　四方継」に変更、同時に企業ドメインを「人、街、暮らし、文化を継ぎ“四方良し”を実現する」として、建築事業のみならず地域コミュニティ事業にも進出する。2023年、職人不足の根本解決と学歴社会で埋もれてしまっている才能を見つけて開花させるため「一般社団法人　マイスター育成協会」を設立。同年4月にマイスター高等学院神戸校を開校する。

2050年、日本で消えない仕事

2024年7月9日　初版発行

著　者　高橋剛志
発行人　田中朋博
発行所　株式会社ザメディアジョン
〒733-0011 広島県広島市西区横川町2-5-15
TEL.082-503-5035　FAX.082-503-5036

編　集　芝紗也加　清水浩司
デザイン・DTP　佐藤穂高
校　閲　菊澤昇吾
印刷・製本　株式会社シナノパブリッシングプレス

ISBN978-4-86250-803-4